主　编　邓　军

副主编　谢婷婷

红色记忆

20世纪三四十年代广西师范大学校史

广西师范大学出版社
GUANGXI NORMAL UNIVERSITY PRESS
·桂林·

红色记忆：20 世纪三四十年代广西师范大学校史
HONGSE JIYI
20SHIJI SANSISHINIANDAI GUANGXISHIFANDAXUE XIAOSHI

图书在版编目（CIP）数据

红色记忆 ：20 世纪三四十年代广西师范大学校史 / 邓军主编. --桂林 ：广西师范大学出版社，2022.9
（广西师范大学 90 周年校庆丛书）
ISBN 978-7-5598-5447-6

Ⅰ．①红… Ⅱ．①邓… Ⅲ．①广西师范大学－校史－20 世纪 Ⅳ．①G659.286.73

中国版本图书馆 CIP 数据核字（2022）第 175919 号

广西师范大学出版社出版发行
（广西桂林市五里店路 9 号　邮政编码：541004
网址：http://www.bbtpress.com）
出版人：黄轩庄
全国新华书店经销
广西广大印务有限责任公司印刷
（桂林市临桂区秧塘工业园西城大道北侧广西师范大学出版社集团有限公司创意产业园内　邮政编码：541199）
开本：787 mm × 1 092 mm　1/16
印张：14　　字数：188 千
2022 年 9 月第 1 版　　2022 年 9 月第 1 次印刷
定价：42.00 元

广西师范大学
90周年校庆丛书编撰委员会

总序

独秀九秩风华正茂，星耀八桂盛世筑梦。

巍巍师大，文脉悠远。90年前诞生的广西师范大学，植根八桂大地，兼蓄山水灵气，具有悠久的办学历史和深厚的人文底蕴。回顾那熠熠生辉的流金岁月，从1932年的探索初创，到1941年的艰难重建，从1953年的重获新生，到1983年的更名升级，广西师范大学历经四度调整、六次更名、八次迁址，走过了曲折而自豪的办学历程。

星河流转，岁月峥嵘。在激荡的历史风云中，学校始终传承师范血脉，赓续红色基因，广揽名师，努力成为“建设广西之柱石”。一大批学养深厚、心系天下的名家大师在此执教问学，杨东莼创办“小莫斯科”，薛暮桥首创广西农村经济调查，陈望道开展马克思主义大众化实践，曾作忠打造“西南民主堡垒”，林砺儒于抗战烽火撰著《教育哲学》，谢厚藩指导学生民主运动，谭丕模八易其稿终成《中国文学史纲》，黄现璠开拓壮学研究，赵佩莹重烟剂研究全国领先，钟文典开启太平天国研究，伍纯道开创我校艺术教育……他们培养了一批批勇于担当、追求卓越的优秀学子，为学校赢得了广泛盛誉。前辈先贤苦心开创的校风学风，是观照时代、敢为人先的学问追求，是百家争鸣、追求真理的治学精神，是厚积薄发、崇实求新的学术风骨，是沉潜学问、不慕虚名的人生境界，是因材施教、教学相长的育人思想，是为党育人、为国育才的坚定信念！

时光轮回，阔步向前。九十载的砥砺前行，九十载的坚忍勃发，终于结出硕果，今日之广西师范大学，用一代代师大人的智慧和双手打造出王城、育才、雁山3个校区，幼木成林、郁郁葱葱，5A级景区王城校区历史底蕴深厚，育才校区人气集聚，雁山校区风景如画，数万名学子求学若渴，意气风发；数千名教职工教书育人，孜孜不倦。岁月无痕，却在白驹过隙间铭刻了广西师大人艰苦创业的精神与业绩、坎坷与执着、光荣与梦想，铭刻了广西师大人历经风雨沧桑而自强不息、奋斗不止的集体意志。如今，广西师范大学秉承着“尊师重道　敬业乐群”的校训精神和“弘文励教　至臻至善”的“独秀精神”，在新时代的朝阳下满载阳光、希望和嘱托扬帆远航。

值此90周年校庆之际，为了更好地传承历史、启迪未来，在学校党委部署下，由校党委宣传部统筹协调，校办、社科处、科技处、教务处、档案馆等相关部门编撰，出版了广西师范大学90周年校庆丛书，丛书由6本校史书著组成：

《红色记忆——20世纪三四十年代广西师范大学校史》由宣传部牵头，马克思主义学院协同编撰。该书展现了20世纪三四十年代广西师范大学3个历史时期（广西师专时期、桂林师院时期和南宁师院时期）党组织的发展历程和共产党员师生传播真理、投身革命的事迹。书中的每一个历史事件、每一位中共党员师生、每一张鲜活影像，都展现了我们党在团结带领中国人民进行百年奋斗的伟大历程中代代相传的红色血脉；展现了革命先烈毁家纾难、顽强斗争所铸就的不朽丰碑；展现了广西师大人在党的坚强领导下始终坚守的梦想和追求、情怀和担当、牺牲和奉献，从而汇聚成了广西师范大学最宝贵的精神财富和最鲜亮的基因底色。

《西迁记忆——广西师范大学抗战迁徙办学史迹（1944—1946）》由宣传部牵头，福泉市档案史志局/档案馆协同编撰。该书首次深度研究广西师范大学前身国立桂林师范学院抗战烽火中迁徙（柳州丹洲、贵州平越）办学的历史，力图研究阐释学校西迁办学中体现出的团结一致、勇往直前、百折不挠、勇于担当的崇高精神，展示师生团结协助勇往直前、互敬互爱鼓励扶掖的优秀品质，还原其中真实可感的历史细节，填补了校史研究的空白。

《广西师范大学史（2012—2022）》由档案馆牵头，党办、校办、宣传部、各学院（部）协同编撰，该书展现了2012年以来学校加强党对教育事业的全面领导，聚焦立德树人根本任务，加快推进“双一流”建设和内涵式发展，取得了党的建设更强、顶层设计更完善、人才培养质量更高、学科建设迈上新台阶、人才队伍竞争力更强、科研创新取得新突破、国际交流呈现新气象等一系列标志性的成果，实现跨越式发展的历史面貌。

《90周年90件大事》由校长办公室牵头，档案馆、各学院（部）、各单位协同编撰。该书以纪事的方式，全面展现了学校各个历史时期发生的具有重要意义的90件大事，每件大事力争还原当时的历史场景，并延伸到学校现在和未来的发展图景，呈现学校90年来筚路蓝缕、奋发图强、创造辉煌的不平凡历史。附录详细地记载了学校院系、部门、学科、专业调整历史和历届党政主要领导。这些历史的背后，凝聚着每一位先辈付出的心血，凝聚着全校师生、广大校友的深切关爱，凝聚着所有关心师大发展朋友们的大力支持。90件大事见证了学校曾经走过的风雨历程，总结过往、继往开来，必将继续激励我们坚守教育初心、奋发砥砺前行。

《90周年90项成果》由社科处、科技处、教务处牵头，图书馆、出版社、校团委、研究生院、创新创业学院、各学院（部）协同编撰。该书介绍了学校取得的90项代表性成果，包括教学类成果、人文社会科学类科研成果、自然科学类科研成果，涵盖学校各个历史时期。其中大多数是获国家级奖项的成果，更不乏具有突破性意义的成果，如学校获得的首个国家社科基金重大项目结题成果、首批国家自然科学基金项目，首批广西社科优秀成果奖、广西自然科学奖最高奖项的成果等，还有不少是在学界、业界极具影响力的代表性成果，具有鲜明的时代价值。

《独秀学人录》由我校教授主编、各学科专家撰稿，对学校办学历史上广西省立师范专科学校、国立桂林师范学院、广西师范学院等不同时期的不同学科的31位具有代表性的教授学者的学术生涯进行述评，如杨东莼、陈望道、薛暮桥、曾作忠、林砺儒、谢厚藩、张云莹、陈伯康、林焕平、赵佩莹、钟文典、伍纯道等学术大家，以呈现广西师范大学学术研究的代际承传。

校庆丛书6本校史书著各自独立，内容各有侧重，但又融为一体，力图全景展示广西师范大学九十载办学发展历程，以此凝聚广大师生知校、爱校、荣校、兴校的不竭动力，激发广大师生与学校发展同心同向的实际行动，让“知校”成为常态，让“爱校”成为习惯，让“荣校”成为自觉，让“兴校”成为使命。

校庆丛书编撰过程中，时任校党委书记邓军教授给予了悉心的指导和大力的支持，对丛书的总体策划提出了高屋建瓴的指导意见，在此特表示感谢和敬意！

抚阅历史，我们心潮澎湃；展望未来，我们激情满怀。面对新时代教育大发展的大好形势，我们要以习近平新时代中国特色社会主义思想为指引，抢抓机遇，开拓创新，解放思想，担当实干，汇聚起为党育人、为国育才的磅礴力量，落实立德树人根本任务，向着建设国内一流、国际知名、教师教育特色鲜明的国内高水平大学的目标迈进，在新征程上以奋进之笔书写广西师范大学更加绚丽的华章，为建设新时代中国特色社会主义壮美广西和实现中华民族伟大复兴的中国梦贡献力量！

广西师范大学90周年校庆丛书编撰委员会

2022年9月

目录

第一章 传播马克思主义 引领进步思潮

第二章 加强组织建设 培养革命力量

第三章　开展民主运动　担当青年使命

第四章　投身革命浪潮　坚持英勇斗争

第一章

传播马克思主义
引领进步思潮

◎李延

团体训练
培育“红色”基因

20世纪30年代，刚刚创建不久的广西省立师范专科学校（后文简称广西师专）正处于十分复杂的政治形势之中。当时，国民党新桂系与蒋介石集团既有矛盾又相互勾结，这种形势既为先进思想在广西师专的传播留下了一定的空间，又让进步力量时刻面临着各式各样的阻力。在这种背景下，以首任校长杨东莼为首的一批进步教师，不惧反动当局的压力，开动脑筋，开展团体训练，培养师专学生良好的习惯和意志品质，为校园营造集体主义的氛围，引导学生循序渐进地接受先进思想。团体训练潜移默化地在学生心中埋下了革命的“红色”火种。

从个人主义到集体主义

马克思主义的世界观是集体主义的世界观，马克思、恩格斯在《共产党宣言》中曾论述到，变革旧世界的无产阶级“不仅人数增加了，而且它结合成更大的集体，它的力量日益增长，而且它越来越感觉到自己的力量”。集体主义往往能在人们心里埋下革命的火种，并成为以后进行斗争的力量源泉。创建之初的广西师专在办学指导思想上，经历了从体现个人主义的田园教育向培育集体主义的团体训练转化的过程，进而通过团体训练奠定了广西师专的“红色”基因。 1932
—
2022

1932年10月，广西教育厅厅长李任仁在广西师专开校暨校长就职典礼上说：“为着改建农村，所以才造成改建农村的发动机——师专便是这座发动机。师专学生，每个人都要负起改建农村的责任，要和社会打成一片，不单是要训练科学的头脑，同时要锻炼成农民的身手。”学校也将培养目标定位为：培植能实现“充实人民生活，扶植社会生存，发展国民生计，延续民族生命”这一宗旨的县教育行政人员及乡

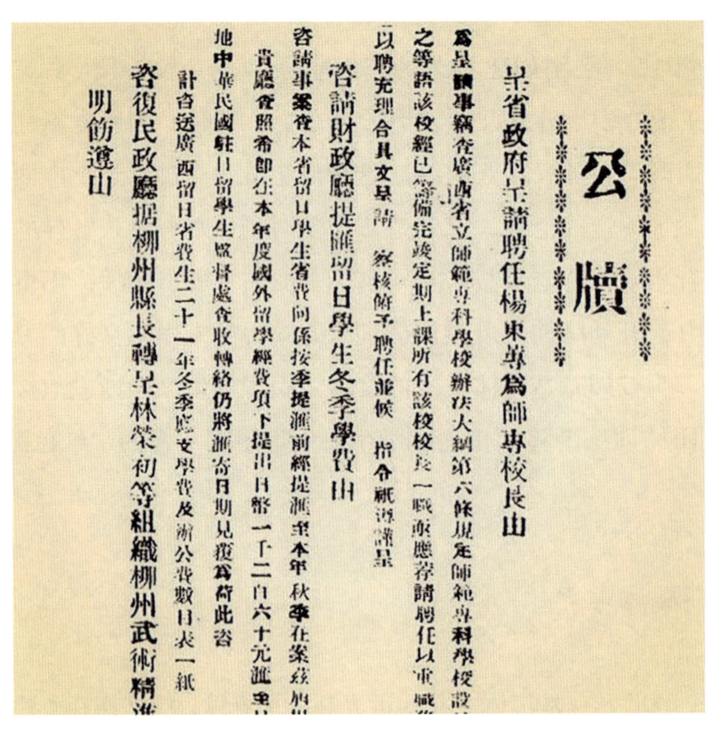

公牘

呈省政府呈請聘任楊東蒓爲師專校長由

爲呈請事竊查廣西省立師範專科學校辦法大綱第六條規定師範專科學校設
之等語該校經已籌備完竣定期上課所有該校校長一職亟應荐請聘任以重職
以聘充理合具文呈請　察核俯予聘任並候　指令祇遵謹呈

咨請財政廳提匯留日學生冬季學費由

咨請事案查本省留日學生省費向係按季提匯前經提匯至本年秋季在案茲
貴廳查照希即在本年度國外留學經費項下提出日幣一千二百六十元匯至
地中華民國駐日留學生監督處查收轉給仍將匯寄日期見覆爲荷此咨
計咨送廣西留日省費生二十一年冬季應支學費及辦公費數目表一紙

咨復民政廳據柳州縣長轉呈林榮初等組織柳州武術精進
明飭遵由

⊙ 1932年《广西教育行政月刊》第2卷第3期刊登聘任杨东莼为广西师专校长的公文（校党委宣传部供图）

⊙ 广西师专首任校长杨东莼（校党委宣传部供图）

村师范、乡村中小学教职员。

在广西师专办学之初，筹备主任唐现之提出的办学宗旨是：主要立足田园教育，加强农业生产实践课程，培养“有农夫的身手，有科学的头脑，有传教士的精神”的学生，实现教育救国的目标。然而，这一办学宗旨仍没有突破旧式的农村封建生产关系，没有摆脱封建小农意识的影响，致使每个学生即使锻造了一身农夫的本领，对于推动农村社会根本的进步依然于事无补。

自杨东莼担任校长后，广西师专的办学指导思想逐渐从田园教育转为团体训练。广西师专的学生大多数来自农村，受分散的小农经济思想影响，或多或少沾染了自由散漫、狭隘自私、个人主义、因循守旧等不良习气和旧思想。建校初期，唐现之的田园教育办学思想与当时国内青年学生要求进步的氛围格格不入，对广西师专学生接受进步思想、改造自身精神面貌极为不利。为改变这些不良习气，杨东莼到校不久，就在《师专校刊》发表《我们对团体训练应有的认识》一文，开篇即指出：“团体训练是师专学校的根本精神，是师专学校一切活动的灵魂。”所谓“团体训练”，就是学校对学生实施集体主义教育，使之克服自私自利的自由散漫作风和个人主义思想，提倡民主管理、批评和自我批评，要求人人都能自觉遵守纪律。这是针对以往教育中自上而下地对学生提出要求，使学生处于被动地位，缺乏主动性的弊端而提出的。在杨东莼看来，团体训练就是要使人人明白自己是团体中的一员，自己的一言一行都与团体息息相关。他希望以团体训练打破学生以个人为本位的人生观，培养集体主义精神。

团体训练的创新举措

在团体训练的办学理念指导下，杨东莼带领教师设计了许多培养学生集体主义精神的团体训练的具体措施。

首先，学校为团体训练准备了必要的物质条件。学生除入学交少量学费及自备一些个人生活用品外，其他都由公费承担。每人发两套衣服，一件棉大衣，毛巾、肥皂、笔记本也都统一发放。膳食费每人每月6元，由各班学生代表组成膳食委员会自行管理。医药由卫生所全包。军训、宿舍的床位以班为单位，浴室是集体澡堂。编队、出操、内勤等也都按照集体生活的要求安排。

其次，学校成立了各种学生团体组织。杨东莼鼓励学生通过民主选举产生各种自我管理的组织。杨东莼语重心长地对学生说："所谓组织，第一就包含有一个团体应保持严密的关联的意味，第二就包含有一个团体应具有铁一般的纪律的意味。"当时有关日常生活的团体，规

⊙ 1935年广西师专全景图（校党委宣传部供图）

模最大的是健康委员会，分膳食、体育、清洁、游艺4组；规模位居第二的是出版委员会，分壁报、校刊、编剪、通讯4组；规模位居第三的是剧团和歌咏团；规模位居第四的是远足旅行团；规模位居第五的是田间的工作小组。广西师专还经常组织各种文娱活动，有音乐演奏、唱歌、弈棋、打球，每学期开两三次联欢晚会，师生合演话剧、表演节目。每次联欢晚会，师生们都要请杨东莼校长唱京剧，他饰演须生，爱唱《四郎探母》《打渔杀家》《武松打虎》等选段，表演十分精彩，大家常常要他“再来一个”。这些活动使全校充满团结和谐的气氛。此外，在学习研究方面，广西师专也秉持集体研究的精神，成立了笔记整理组、读书会和农村经济研究会等各种研究小组。

再次，学校通过制度加强学生之间的交流。杨东莼采取了一些很细致的措施，比如：各届学生的编班尽量把同乡学生或老同学分开，以避免形成小团体；各班教室的座位每学期要重新变动；宿舍是三四十人同住的大房间，床位也是每学期调换一次；膳厅的座位是全校各个班混合编席的，每个月末重新调换一次；每隔两三个月组织学生召开一次生活促进会，分班分组举行。当时师专最具有集体主义自我教育意义的事情就是每隔一段时间就要分班分组召开一次生活促进会。在会上，每个学生可以主动汇报自己的思想、学习和生活情况，开展自我批评，争取其他同学的帮助；同时也要对别人提出意见、批评和建议。这种方式加深了学生之间的相互了解，也促进了自觉纪律的养成。这些措施看起来是小事，也颇为烦琐，却增加了学生间互相接触、相互了解的机会，增强了学生的集体主义精神。

为加强团体训练，杨东莼还请来朱克靖担任生活指导主任（相当于现在的教务主任）。朱克靖是大革命时期著名的共产党员，有丰富的团体训练的经验。他参照莫斯科东方劳动者共产主义大学的生活制度管理广西师专，非常严格，例如，规定每周日下午进行全校大扫除，所有师生都必须参加，老师和学生一样要光着脚挑水、擦地板。

最后，杨东莼多次在相关刊物发表关于集体生活问题的文章，从理论上引导学生，营造集体主义的氛围。在1933年初出版的一期《师专校刊》上，他发表了一篇《论集体生活与自我教育》的文章，从理论上全面阐述了当时所处时代的特点和集体主义精神的重大意义，深入分析了个人主义思想的社会根源及其落后性，论证了自我教育的必要性。在1933年出版的《战时教育问题》一书中，杨东莼提出，集体主义的自我教育能把教育与现实生活打成一片，把学与用、知与行联系起来；它是理论与实践相统一的教育。它的最高原则，就是在一切集体生活中，在一切集体组织中，于一定的计划之下，把一切活动、一切工作以及经常发生的事件，都认定为教育活动的主要内容，即教育活动本身。这些思想对学生产生了很大的影响。

“红色”基因深深扎根

广西师专学生在团体训练中思想进步很快，自觉关心并积极讨论国家大事。当时上海神州国光社出版的《读书杂志》一连三期刊载有关“中国社会性质问题的论战”的文章，引起了学生的兴趣。学生刘敦安提议在朝会上进行集体讨论，得到生活指导主任朱克靖的赞赏，并向另一班推荐。刘鸿珍等三名学生经过收集资料和集体研究，写出了几万字的文章《中国社会往何处去？》。在朱克靖的启发引导下，学生对时政问题得出了比较正确的认识。虽然师专离桂林城20余公里，但师生们并不感到生活枯寂，而是觉得活泼、充实，他们之间弥漫着互相帮助、共同进步的风气，这正是“团体训练”的良好效果。

广西师专的团队训练对于广西学生军的成立产生了积极影响。1936年6月1日，广西当局联合广东军阀陈济棠发起反蒋的六一事变，要求学生到广西各地开展抗日宣传。这一活动得到广西师专学生的积极响应。师专学生组成一个大队，下分6个中队，18个小队，54个小组，分别到粤桂、湘桂、黔桂边境县进行抗日宣传工作。同年6月中旬途经南宁，师专学生发起组建学生军的倡议，并向广西省政府呈报

⊙ 广西师专生活指导主任朱克靖（校党委宣传部供图）

《师专学生组织学生军请愿书》。师专学生的请愿书得到广西省政府的批准，不久后就成立了广西学生军。学生军以广西师专全校学生280余人为主体，还有其他学校学生百余人参加。广西师专学生之所以能成为广西学生军的主体，与杨东莼所推行的团体训练密切相关，正是平时所推行的以培养集体主义精神为目的的团体训练，使广西师专的学生能够对国家大事有应有的责任和担当，能够形成成立学生军的意识并适应学生军的生活。

团体训练的实质是帮助学生摆脱个人主义，将自己融入集体；帮助学生将国家和民族的利益作为自己的根本利益，关心国家大事，培育爱国主义精神，增强个人对于社会和民族、国家的责任担当。这实际上为广西师专学生接受进步思想并致力于革命事业打下了坚实的思想基础，因而也为广西师专培育了影响深远的“红色”基因。

◎ 李延

1932

—

2022

马克思主义进课堂

广西师专的创立，是20世纪30年代广西教育的一件大事。由于蒋桂矛盾，广西当局为伪装进步、争取人心，聘请了进步人士杨东莼出任广西师专首任校长。杨东莼是一个马克思主义者，他认为教育不能脱离政治，尤其在九一八事变之后，内忧外患，国难当头，学生埋头死读书根本不符合国家的需要。他不赞成“生产救国、教育救国”，而主张以马克思主义为指导，在蒋桂矛盾的夹缝中对学生进行马列主义思想的教育，提倡学生关心国事，探究社会现实问题，试图培养一批信仰马克思主义的青年。杨东莼巧妙地利用了当时蒋介石集团和桂系之间的矛盾以及桂系佯装进步的意图，按照党的六大精神办学，广邀朱克靖、金奎光、薛暮桥、汪泽楷、张海鳌、梁存真、沈起予等共产党人、进步人士前来任教，开设了大量新兴社会科学课程，使学生的思想发生了急剧的转变，使“广西师专成为除苏区外，当时国内独一无二的公开宣传马列主义，宣传民主思想，实行科学教育方针，学风端正、思想活跃的高等学校”。

进步的课程设置和教材讲义

在杨东莼的带领下，广西师专逐渐发展成为一所不同于一般大专院校的进步学校。在课程设置上，广西师专开设了新兴的社会科学课程，如社会进化史、哲学概论、政治经济学、农村经济、世界大势等。而且，开设的课程既没有固定的教材，也没有严苛的应试要求，而是结合学生的实际和时代的需要，以中国共产党过去领导的上海公学为范本，用黄埔军校和农民运动讲习所的经验来开展教育工作。教师选用的教材大多是当时的进步教材，且常常自编讲义。

广西师专主要的课程及讲授人分别是：杨东莼校长讲授伦理学，彭仲文讲授哲学中的辩证唯物论与历史唯物论，廖庶谦（伯华）讲授自然辩证法，薛暮桥讲授政治经济学和农村经济，王伯达、朱克靖、张汉辅讲授社会进化史，彭仲文、朱克靖讲授世界大势，金奎光讲授教育概论，沈起予讲授文学概论，陈望道讲授修辞学和中国文法，杨潮讲授科学概论和选修英语，邓初民讲授政治学，熊得山讲授中国社会研究等。

教师授课从不照本宣科，而是常常根据其精深的研究，联系学术界的一些问题阐述独到的见解，不仅生动有趣而且引人深思。当时还没有一本适合做教材的政治经济学图书，从国外翻译过来的《大众政治经济学》虽然比较通俗，但不易使初学者把握重点。另外，中国人所写的《通俗经济学》虽然简明扼要，但仅限于对资本主义社会的剖析，对整个社会经济发展过程则讲述得太少，而且多是根据外国名著材料进行编译而没有结合中国的实际和需要。为此，薛暮桥从社会经济发展角度出发自编讲义，除对资本主义进行深刻的剖析外，还简明扼要地阐述了原始共产主义社会、奴隶社会和封建社会，特别是对半殖民地半封建社会的经济特点做了论述，并对社会主义社会进行了一定的概括与描绘。这些讲义可以说是马克思主义中国化和中国化的经济学的初步尝试。其后，这些内容经过进一步的系统整理，形成了《经济学》一书，于1939年由新知书店在桂林、香港等地出版发行。此外，薛暮桥还自拟教材提纲讲授中国农村经济，主要内容包括中国的土地关系、租佃制度、借贷制度、雇佣制度、税捐制度、帝国主义与中国农村等，并在课堂上用马克思列宁主义的观点结合中国农村经济的实际以说明中国经济中封建剥削关系占据主导地位，为党的六大的路线的传播提供了理论支持。这些讲课内容经过整理补充后在《中国农村》上陆续发表，并于1936年汇编成《中国农村经济常识》一书，由新知书店出版。

陈望道主讲修辞学和中国文法两门课程，所用教材是他著述的《修辞学发凡》(当时已出至第7版)和新编讲义。杨潮讲授科学概论和选修英语，科学概论课程的教材是他以恩格斯的《自然辩证法》为基础，结合自然界和社会的变化发展规律编写的；英语则是选用英、美进步书刊的文章做教材，还选用英文版马克思列宁主义文献中有关无产阶级专政的论述做讲义。邓初民以自己所著《政治学》为教材。熊得山

⊙ 薛暮桥首部经济学著作《中国农村经济常识》1937年1月由新知书店出版，是薛暮桥在广西师专讲授“农村经济”讲稿基础上修改完善而成的(校党委宣传部供图)

⊙ 熊得山著的《社会主义之基础知识》，1929年由上海新生命书局出版（校党委宣传部供图）

则以自己所著的《社会主义之基础知识》为教材向学生讲授中国社会研究课程。

将马克思主义观点融入课程教学中

在哲学课上，马哲民常常引用马克思主义经典著作中的内容对相关哲学问题进行阐述。例如，在论述中国经济结构和社会性质问题时，他引用《资本论》的部分章节，认为考察生产方式是研究中国经济结构和分析中国社会性质问题的起点和关键。马哲民的研究和讲授，促进着师专学生接受马克思主义的思想，暗示着马克思主义的真理性，激发了青年学生对马克思主义的热情。

在中国通史课上，熊得山倾力介绍马克思主义，以明示中国革命的正确出路。他是马克思的《哥达纲领批判》、恩格斯的《家庭、私有制和国家的起源》的最早的中文译者之一。在课堂上，熊得山将他的理论知识毫无保留地传授给学生，旗帜鲜明地讲授马克思主义史学，毫不隐讳地讲述与当时正统史学迥异的新历史观。当时，第四集团军总政训处处长、中国国民党广西省党部常务委员王公度带领一些托派教师抛出“中国社会性质问题”“中国革命问题”等社会敏感话题，在广西师专学生中引起了强烈反响，激起了一场托派和斯派的大论战。对于长期从事马克思主义理论研究并深刻认识中国社会性质的熊得山来说，托派的某些观点让他忍无可忍，于是他与托派教师公开争论。当时，熊得山正在撰写《中国社会史论》，他坚定地认为中国当时所处的社会属于半殖民半封建地社会，并将这些观点带进课堂，称得上敢为人先。

在经济学的课堂上，作为中共早期马克思主义理论家的施复亮身穿蓝布长衫，足蹬布鞋，用通俗语言表述深奥原理，条理分明，深入浅出。他讲经济学以《资本论》为蓝本，从资本主义的兴起说起，阐

⊙ 熊得山著的《中国社会史论》，2007年由上海书店出版社出版（校党委宣传部供图）

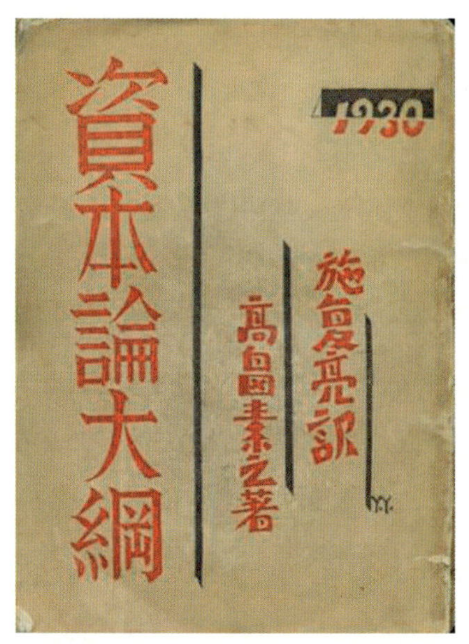

⊙ 施复亮的译作《资本论大纲》，1930年由大江书铺出版（校党委宣传部供图）

述资本主义的发展规律、内在矛盾和发展过程，解剖资本主义的经济结构及其规律。讲课时，许多班外人员都来听课，教室容纳不下就站在外面做笔记，亦如九一八事变以后，他在北京大学风雨操场演讲时，位于郊区的清华大学、燕京大学学生赶来听讲，场地容纳不下，多人爬上墙头或树上静听。前后盛况，深为感人。除了授课，施复亮还在每周的星期六下午用3小时演讲抗日民族统一战线问题，一连讲了两个多月。当时革命趋于低潮，蒋介石统治区文化“围剿”杀气腾腾，只有广西还有点余地。1936年夏，广西师专并入广西大学文法学院，施复亮留任并担任社会学系主任。施复亮多次公开演讲，声援抗日。1936年12月，西安事变爆发，全国震动。施复亮在一次大会上演讲，力主广西当局与中国共产党合作。

在科学概论课和英语课上，进步教师杨潮利用授课的机会，借助进步的教材和马克思主义著作、文献，积极向学生传播马克思主义。

他摒弃了科学概论课原本落后的课本内容，以恩格斯的《自然辩证法》为基础，并结合自然界和社会的发展、变化规律进行教学。他的英语教材也是与众不同的，他不仅从英、美进步书刊上选用适合学生学习的文章做教材，还从英文版的马克思列宁主义文献中选择无产阶级专政的论述来当讲义。作为“左联”作家、共产党员的杨潮，自觉运用自己的渊博学识积极为党进行马克思主义宣传教育活动。此外，杨潮还把翻译完成的共产国际七大文件、季米特洛夫所做的《建立全世界反对德国法西斯的统一战线》的报告，以及中国共产党发表的《八一宣言》和党的六大的“十大纲领”等文件，给进步学生秘密传阅、学习，使学生能及时将眼前的具体斗争同国际工人阶级反法西斯斗争联系起来，在学生中起到了很好的宣传和鼓动作用。

⊙ 1936年3月18日广西师专部分教师合影于尧山（注：后排右1为李勉学，右2为廖必光，右3为陈望道。后排左3为熊得山，左4为邓初民。前排右1为宾书德，李勉学之夫，时任师专文书股长；右2为千家驹）（校党委宣传部供图）

在政治学的课堂上，邓初民积极向学生宣传马克思主义。邓初民早在1929年就著有《政治科学大纲》，1932年著有《政治学》。他在广西师专和广西大学文法学院任教期间讲授政治学，就是以他的著作《政治学》为教材。他讲课从不照本宣科，而是将课程安排和社会实况紧密结合起来，将科学知识与革命的思想融合起来进行讲授，结合现实情况向学生分析讲解，特别批判了蒋介石对日妥协、独裁专制、“攘外必先安内”的做法；他将革命思想与科学知识融为一体，讲起课来富于激情。他虽然不是共产党员，但他所讲的内容却是马克思列宁主义的基本观点，使学生既接受知识，又受到马克思主义思想的熏陶。曾有人回忆说：“他的宣传鼓动力很强，学生很受影响。”

启发式的教育方法

当时的广西师专，进步教师在教学方法上并不是采取灌输式教学，而是提倡课堂讲课与学生自学、小组讨论相结合的启发式教育。上课时教师提出一个大纲，学生一边听一边记笔记，课后在教师指导下自行阅读参考书，一般上午上三四节课，下午学生就到图书馆阅览室看书。大家最初阅读的入门书主要有杨东莼的《本国文化史大纲》、邓初民的《社会进化史纲》、田原的《政治学》、熊得山的《社会问题》、李浩吾的《新教育大纲》，后来进一步阅读的有恩格斯的《家庭、私有制和国家的起源》、河上肇的《经济学大纲》、高畠素之的《资本论大纲》、布哈林的《唯物史观大纲》、拉比托斯的《政治经济学教程》、列宁的《帝国主义论》等，还有一些学生阅读了恩格斯的《自然辩证法》《费尔巴哈论》。学生读完之后便互相交流、共同讨论，对于国际国内的政治时事也有了一定认识，并开始关心起政治来。这种教学方法和学习氛围无疑对师专学生之后走上革命的道路以及为马克思主义在师专的传播起了启蒙和奠基的作用，学生对以后客观地认识问题和分析问题也摸到了一些门径。

在学生心中埋下革命的种子

教师在课堂上传播马克思主义，对师专的学生产生了巨大的影响。首先，教师的行为本身就是对学生的一种示范。大量教师在授课时引用马克思主义的文献、著作，甚至讲解马克思主义的相关观点，事实上已经暗示了马克思主义的真理性，而学生在课堂上接受马克思主义的思想洗礼以后，必然会在课后进行相关文献的阅读和学习，并且进行交流讨论，从而促进了马克思主义在青年学生中的传播。其次，马克思主义是当时传入中国的一种新兴理论，学生对这一理论的理解并不是很深入，甚至兴趣不大。通过在课堂上讲授马克思主义，教师不但能够为学生答疑解惑，而且促使学生了解这一新传入的理论，激发起学生的兴趣，特别是能够让学生将马克思主义和中国的实际结合起来进行社会的分析，从而在心里埋下革命的种子。最后，在课堂上讲授马克思主义事实上代表着授课教师的马克思主义倾向，这种强烈的马克思主义倾向在授课中感染学生，促使师专的青年学生在这个过程中耳濡目染接受马克思主义思想，树立坚定的理想信念，为党组织在师专学生中建立和发展营造了一种良好的氛围。

在马克思主义进课堂的带动下，广西师专的学生思想进步很快。他们组建了“反帝反法西斯大同盟”，举办了全校性的大型壁报“普罗米修士”(今译普罗米修斯)，并在进步思想的指引下积极向党组织靠拢。

师专学子不只在课堂上接受马克思主义的熏陶，而且主动地把所学到的马克思主义基本原理同当时的革命现实结合起来，通过发表大量探究社会问题文章的方式，间接地对马克思主义进行传播。

在马克思主义进课堂的影响下，师专学生参与爱国进步活动的意愿越来越强。1935年冬，为反抗日本帝国主义的侵略、反对蒋介石的不抵抗政策，进步教师杨潮指导陶保桓等进步学生建立“反帝反法西斯大同盟”组织，以领导学生进行抗日救亡和爱国进步运动。后来，“反帝反法西斯大同盟”在领导师专和周边其他学校学生进行爱国进步活动中发挥了重要作用，体现了广西师专学生在进步课程的熏陶下，使马克思主义不断从课堂、课本进入头脑，并最终转化为实践活动的深刻转变。

受马克思主义进课堂的影响，广西师专学生充满了对党组织的向往。1934年冬，三名师专学生偶然发现长征途中负伤流落至广西师专附近的红军战士，他们没有向反动当局邀功领赏，而是义无反顾地对其进行照顾直至伤愈，并和战士一同去江西寻找红军和党组织。1936年春，广西师专第一届学生刘敦安、梁寂溪和凌焕衡三人入党，成为广西师专最早入党的一批学生。同年7—8月，已毕业的师专学生郭英布、路伟良、陶保桓、曾世钦先后入党。这些进步的师专学生将曾经在课堂上接触到的共产主义作为他们终生奋斗的人生目标。一代代师专进步教师在课堂上对马克思主义的传播，推动着一批批师专学生不断加入中国共产党。

马克思主义进课堂为马克思主义在广西师专的传播奠定了坚实的基础。课堂是师专学生获取知识的主要渠道，大量融入马克思主义的课程、讲义，不仅给学生带来知识上的启蒙，更是潜移默化地影响着他们价值观的形成。在极为复杂的国内外形势下，广西师专通过马克思主义进课堂，成为国内传播马克思主义、埋下革命火种、培养进步学生的“红色堡垒”。

◎李延

1932

—

2022

农村经济调查
促进马克思主义传播

广西师专在杨东莼担任校长期间，坚持自由研究、理论联系实际、为社会服务之精神，积极开展学术研究，注重将理论教学与社会调查结合起来，多次组织开展各类社会调查，产生了巨大的社会影响。其中规模最大、影响最广的是1933年进行的广西农村经济调查。这次调查中，广西师专的学生深入农村底层，了解人民疾苦，得出了农村衰落、贫富分化严重等结论。这次调查揭露了当时农村社会的阶级矛盾，促进了马克思主义在广西师专的传播。

薛暮桥到广西师专的一个任务

到广西师专任教以前，薛暮桥于1932年初进入上海的中央研究院社会科学研究所工作，在副所长陈翰笙的领导下开始了经济研究生涯。1933年1月，广西师专校长杨东莼到上海聘请教员，他写信给陈翰笙，请他推荐教授农村经济学的教员。

这时，恰好薛雨林（薛暮桥的原名）到社会科学研究所看望陈翰笙和钱俊瑞、王寅生、姜君辰、刘端生等老朋友。陈翰笙对薛雨林说："你来得正好，刚才我接到广西省立师范专科学校校长杨东莼的来信，他们那里想开设'农村经济'课程，要我介绍一位教员前往，我想你去最合适。"薛雨林说："不行！不行！我连中学（初级师范）都没有毕业，怎么能到大学里去教书?"陈翰笙告诉他不用担心，杨东莼校长更看重的是教师的真才实学。据传，陈翰笙看着窗外的雪景，想起了"雪满过桥"的俗语，又因为在无锡方言中"暮"是"满"的谐音，就为薛雨林取了个新名字"薛暮桥"，从此薛雨林就改名为薛暮桥。陈翰笙是研究中国农村经济的学者，在薛暮桥临走前交给他一个任务，即利用教书的机会开展广西省的农村经济调查工作。

当时的中国，农民占全国总人口的绝大多数，农村经济是国家经济的主要方面。开展农村经济调查，实际上是抓住了中国社会最关键又最容易被忽视的领域——农村和农民。这对于当时的中国学者寻求解决社会问题的方法而言，是一条很好的途径。薛暮桥的这一任务，不但有利于农村经济的研究，而且为验证马克思主义的真理性提供了社会依据，客观上促进了马克思主义的传播。

⊙ 薛暮桥（校党委宣传部供图）

结合中国实际传播马克思主义

在1933年2月的新学期开学仪式上，除校长杨东莼和生活指导主任朱克靖讲话外，新教师薛暮桥也做了题为“怎样研究中国农村经济”的讲话。在讲话中，薛暮桥旗帜鲜明地站在人民的立场上，批评了各种代表帝国主义、地主阶级和资产阶级利益的农村工作团队的错误主张。他的这一立场，自然也影响着广西师专的学生。薛暮桥讲授的是“政治经济学”和“农村经济”这两门课，在这两门课的讲授过程中，他常常结合中国实际进行理论的阐述，并在阐述过程中向学生传播当时中国共产党的一些决议精神和马克思主义的一些基本思想。他领悟到杨东莼重视农村经济是因为当时党的六大通过决议，指出中国还处于半殖民地半封建社会，中国革命还是反帝反封建的、以农民土地革命为中心的民主革命。薛暮桥编了一个教材提纲，内容有中国的土地关系、租佃制度、借贷制度、雇佣制度、税捐制度、帝国主义与中国农村等。他利用所掌握的实际资料，说明了在中国经济中封建剥削关系还占主导地位。因为薛暮桥有从事农村经济调查所得的大量实际资料和经验，所以他的课程十分受学生欢迎。薛暮桥讲“农村经济”，从来都是理论联系实际，非常重视社会调查的。薛暮桥上课讲全国土地关系、租佃关系、借贷关系等情况，下课后常常组织学生分成三组并联系自己家乡的情况来谈广西的发展情况。在讨论中，薛暮桥得出结论：广西农村相对东部沿海有着更多的奴隶制残余。这一结论无疑是对当时广西农村制度的落后与腐朽所进行的无情揭露，进而暗示了对当时社会制度进行变革的必要性，间接地促进了马克思主义的传播。

开展广西农村经济调查

1933年夏，经薛暮桥推荐，广西师专聘请了刘端生（也是社会科学研究所的成员）来教农村经济。在杨东莼和薛暮桥的支持下，一部分学生发起组织农村经济研究会。1933年4月8日，农村经济研究会举行成立大会，参加大会的共有59人，杨东莼、薛暮桥等为顾问。学校决定在1933年暑假进行广西农村经济调查，杨东莼在动员大会上致辞，说这是造福人民的千秋大业，要积极行动起来，号召师专第一届甲、乙、丙3个班的学生深入调查广西农村经济，这是广西首次在全省范围进行的农村经济调查。1933年暑假，薛暮桥和刘端生带领农村经济研究会约100名学生开展了轰轰烈烈的调查活动，印制了几百张农村经济调查表和1万多张农户调查表，让学生分别回到自己家乡进行一两个村的概况调查和全村农民的分户调查。薛暮桥还带领刘敦安到苍梧、邕宁、龙州、柳州等地做了一个多月的实地调查，深入桂、柳、邕、梧、田南、镇南6专区38县74村4919户，调查了耕地分配，农业经营及租佃、借贷、雇佣制度和农村副业、垦荒等重要项目。

1933年秋季开学后，薛暮桥和刘端生在几名学生的协助下，汇编整理了调查情况。由于这项工作项目繁多、数据繁杂，所以历时数月方才编成《广西农村经济调查报告》一书。报告得出的结论是：“广西

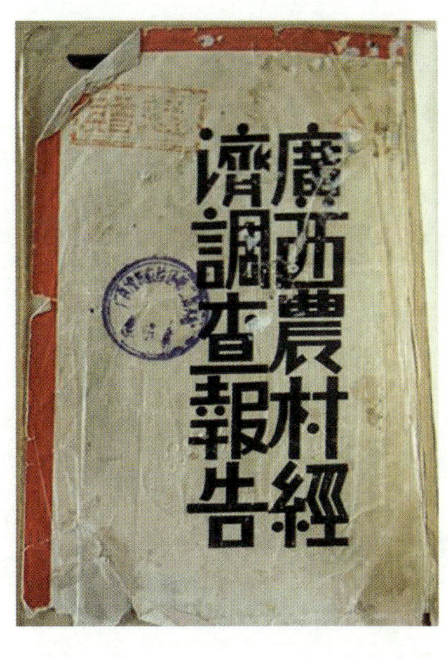

⊙ 1934年6月由广西师专农村经济研究会印制出版的《广西农村经济调查报告》(校党委宣传部供图)

农村普遍衰落，农民向两极分化，少数富农逐渐从衰落中挣扎出来，全体贫农和多数中农趋向贫困的深渊。”后来，杨东莼和薛暮桥于1934年4、5月间被广西当局“礼送出境”。此后，刘端生留在广西师专写完了该书的后三章。全书约7万字，1934年由广西师专农村经济研究会印制出版。

广西农村经济调查的影响

这次广西农村经济调查对广西师专的青年学生影响很大。一方面，通过实地调查，学生真正接触到社会的现实，引发了对社会的思考；另一方面，这次调查间接地宣传了马克思主义，促进了马克思主义的传播。事实上，当时蒋介石政权和地方军阀控制着全国大部分地区的思想和舆论，他们一方面压迫底层人民，另一方面又通过一些“官方报刊”和“御用文人”美化其残酷统治，宣传其制度政策，阻碍进步思想的传播，以维持自己的反动统治。薛暮桥主导的农村经济调查实

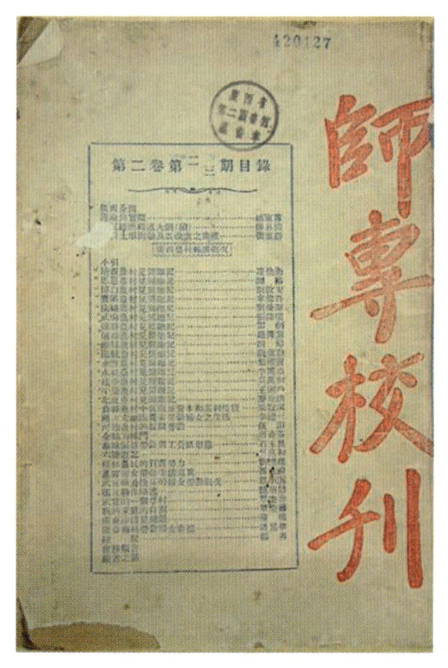

⊙ 1933年《师专校刊》第二卷第二十三期开设“广西农村经济概况”栏目，刊登了29篇学生撰写的调查报告（校党委宣传部供图）

际上是在引导学生接触社会现实，打破舆论垄断，把课堂所学理论与社会现实情况结合起来，加深对社会性质、经济制度和阶级矛盾的理解，进而为学生接受进步思想、树立理想信念打下现实基础。师专的一些青年学生通过这次农村经济调查，掌握了大量农民生活状况的真实信息，识破了广西当局发表于各种媒介上的不实报道，加深了改造旧社会的紧迫感，在思想方面种下了进步的“种子”。

另外，薛暮桥主导的农村经济调查事实上为验证马克思主义的真理性提供了现实依据。当时的统治者否认阶级压迫和阶级斗争的存在，污蔑人民正义的革命运动为破坏社会稳定的“匪患”。但这次农村经济调查得出的“贫富分化严重，大量农民趋向贫困的深渊”的结论，无疑是在质疑现存制度的合理性以及现存统治的合法性，揭露了统治者给农民带来的深重灾难，以及革命发生的必然性。这种学术调查活动是在不被广西当局察觉的情况下进行的，客观上促进了马克思主义在学生中的传播。调查结束后，学生撰写了多篇农村经济调查报告或文章，发表在校内外的刊物上。通过农村经济调查，薛暮桥也指导学生阅读相关的马克思列宁主义书籍，引导他们结合中国的革命实际讨论中国的社会性质、中国革命当前的任务等问题，鼓励大家对其中的观点进行研讨，培养了一大批进步学生。

薛暮桥在广西师专任教的时间虽然只有短短的一年零两个月，但是他将自己的知识和思想融入教学中，在学生中传播马克思主义，并对中国的社会性质进行实地调查研究。薛暮桥为师专学生讲授政治经济学、中国农村经济，带领学生开展田野调查，还将田野调查资料加以整理并写成了专著，在理论联系实际、养成艰苦朴素生活习惯方面为学生树立了榜样，是师专学生学识上和精神上的导师。此后，许多师专学生投身革命事业，为宣传马克思列宁主义做出了重要的贡献。

◎李延

话剧运动引领马克思主义大众化实践

自建校以来，广西师专就十分重视发展新文艺，尤其是话剧表演，力图以这一新兴的文化载体传播爱国思想、呼唤和平。1933年秋，杨东莼聘“左联”作家沈起予来校任教后成立了剧团，曾演出反映东北人民反抗日军侵略的话剧《嫩江》《SOS》。1935年冬，广西师专又成立了陈望道任团长的剧团，并由陈望道、夏征农、杨潮三人组成领导小组。1936年，广西师专聘请左翼导演沈西苓前来任教并担任剧团导演。这一剧团先后在桂林城内进行了两次公演，演出了欧阳予倩的讽刺剧《屏风后》和日本作家的《父归》两个独幕剧，以及反帝名剧《怒吼吧，中国！》和俄国作家果戈理的讽刺喜剧《巡按》（今译《钦差大臣》）两部大型话剧，引发了桂林乃至广西的话剧热潮。广西师专话剧运动所引发的热潮不仅是因为话剧本身十分精彩，更因为通过话剧这种艺术形式，揭露了帝国主义、封建主义对人民的迫害，寄托着人民对革命的热情，实质上推动了马克思主义的传播。

进步话剧传播新思想

1935年9月初，广西师专举行盛大的开学典礼，欢迎新聘的教师和新入学的学生。典礼上，新上任的文学科主任陈望道做了题为“怎样负起文化运动的责任”的演讲。身为语言学家的陈望道，他的演讲有条有理。他先从一些语言现象中存在的封建思想谈起，说明反封建的必要性，再揭露和抨击现实生活中宣扬封建思想的现象，最后阐明反封建的方法。陈望道的演讲言简意深，给师生以反封建的启示和号召。陈望道虽然不是戏剧家，却是话剧的倡导者，他希望通过话剧的方式来揭露社会问题，因此，自进入广西师专以后，他始终积极开展话剧运动。

1935年12月，广西师专教师在校刊《月牙》上发表了《戏剧的功能和任务》一文，该文指出：“广西的戏剧，目前还大半是旧剧在支持，新剧运动的提倡，是刻不容缓的事。我们应该把大众从旧剧手里夺回来，使他们能得到高尚艺术的陶冶，能获取一切适应时代的新智识。”文章同时指出：“我们要把握着戏剧这个良好的社会教育工具来推进一

⊙ 陈望道（校党委宣传部供图）

切反帝反封建的工作。我们要用戏剧的力量来暴露旧社会的罪恶，促进社会的变革与发展。”此文为话剧运动在桂林的开展做了舆论准备。

第一次话剧公演

在陈望道等人的推动下，师专学生积极参加话剧公演。1935年冬，广西师专成立了剧团，由陈望道任团长，并由陈望道、夏征农、杨潮三人组成了领导小组。

陈望道温文尔雅，经常穿着一件酱色长衫。而杨潮则是一位仪表堂堂、风度潇洒的教授，他刚来到学校就给学生留下了深刻的印象。夏征农是一位喜爱谈论马克思的文学教师，非常重视文学与社会的关系。三人应师专教务主任陈此生的邀请，一同从上海而来。在三人的共同领导下，广西师专举行了第一次话剧公演，当时正值北京学生因

⊙ 1936年，陈望道（左）和教务主任陈此生（右）在广西师专（校党委宣传部供图）

日本军队进攻华北而掀起抗日救国的一二九运动热潮。这场爱国运动得到了全国的积极响应。师专剧团欲通过话剧演出来激发学生的救国热情，于是，在一番选择后，决定排演日本作家的《父归》和欧阳予倩的讽刺剧《屏风后》两个独幕剧。

《父归》由周伟饰演母亲，陈迩冬饰演大郎，蒋宗鲁饰演二弟，岑立翔饰演三妹，他们真切地表现了人物或矛盾痛苦或愤怒难抑或难舍亲情的不同心理状态。

《屏风后》由师生合演。这是一部讽刺剧，通过揭露打着“道德维持会”幌子的康扶持、康无垢父子玩弄女伶忆情、明玉母女的卑鄙行径，有力地抨击了封建道德虚伪、丑恶的实质。这部话剧的剧情很简单：忆情对在场胡闹的几个“道德维持会”会员（包括康无垢）叙述她的身世，控诉了一个男人对她始乱终弃的罪恶，以致她沦落风尘，终生不幸。等到康扶持上场，忆情突然从屏风后走出来，当众揭穿伤害她的那个男人就是康扶持，玩弄明玉的康无垢就是他的亲生儿子。这一幕将剧情推向高潮，矛盾冲突达于极点。这样的构思，十分凝练而尖锐，它剥去了封建卫道者的一切伪装和巧饰。道具“屏风”的设置也很巧妙，它具有维护封建道德的象征意义，正如剧中一个人物所指出的：“不要看这个屏风小，几千年的道德，全靠这个屏风。”在当时的社会背景下公演这部戏剧，对反封建运动起到了积极的宣传作用。

第二次话剧公演

借着第一次话剧公演的成功，广西师专剧团从1936年2月初开始筹备第二次大型话剧公演。为使话剧运动更蓬勃地开展起来，陈望道向学校的教务主任推荐并聘请了著名的戏剧导演沈西苓。沈西苓有“怪才”，也有“怪行”，常做人所未做，行人所未行。他爱穿一双卓别林样式的皮鞋，还在桃色的真丝袜上点缀上一两笔油墨；他高兴时爱模仿米老鼠跳舞，常带着一股艺术家的天真；他热爱舞台艺术，却以电影导演而出名；他生性随和平易近人，却对艺术苛求颇深，并自称“我之于本剧，即就铁腕首相之于国是”。正是这样一位“怪才”，将话剧舞台的魅力星光洒向了桂林。

1936年初，来到广西师专任教的沈西苓开始与剧团师生一起筹备第二次话剧公演。在选择剧本时，过去有关筑地小剧场之夜的记忆一下涌上沈西苓的心头，使他立刻决定排演脱烈泰耶夫（又译特来却可夫）的剧本《怒吼吧，中国！》。脱烈泰耶夫参加十月革命时曾到过远东，1924年来到中国，在北京大学任教。他曾写过一首反映中国人民斗争生活的新诗，叫《咆哮的中国》。他来到中国的那年夏天，四川万县发生了一件血案——英国炮舰“金冲号”的舰长处死了两名万县的船夫，这激起了万县码头工人和广大群众的愤怒。脱烈泰耶夫根据这件事写成了剧本，初叫《金冲号》，1926年改为《怒吼吧，中国！》并在莫斯科的梅伊荷德剧院上演，1930年又在美国纽约上演。此剧排演难度很大，全剧长达9幕，剧中场面宏大、人物繁杂、布景灯光复杂，耗费了参演人员大量的心血。

除了《怒吼吧，中国！》以外，沈西苓还指导师生共同排演果戈理

⊙ 沈西苓（校党委宣传部供图）

⊙《怒吼吧中国！》剧本，1935年由上海良友图书公司出版（校党委宣传部供图）

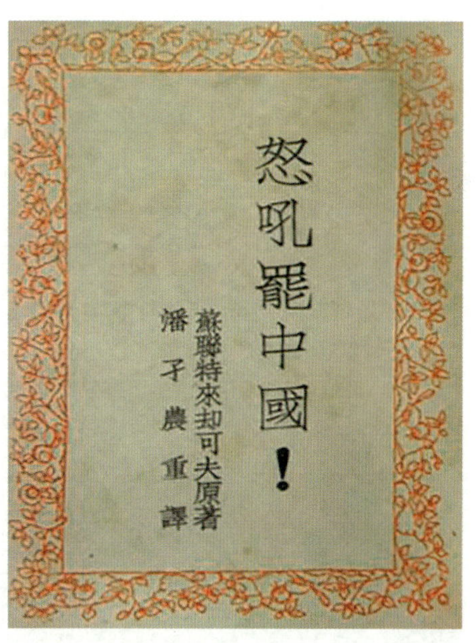

的讽刺喜剧《巡按》。此剧的服装设计和制作由教务主任陈此生的夫人盛此君负责，盛此君曾留学日本学习绘画，是一位艺术家。为了省钱，盛此君买了一批粗麻布来做衬裙，而大部分道具都是从各位教授家里搬来的。一个学校的业余剧团，要演出这样大型的话剧，困难是很多的，但全体师生上下同心，克服了一个又一个困难。

1936年4月，经过一段时间的紧张排练，师专剧团的第二次公演终于在桂林中学的礼堂举行。1936年4月5日，《桂林日报》以整版篇幅刊登了《师专剧团第二次公演特刊》，发布第二次公演公告，公布全体演职员名单，介绍两个剧目的剧情，沈西苓、陈望道等人均在导演团。公演特刊中的《导演团的几句话》对这次公演做了些说明：一是这次公演动员了160余人参加，其中包括大部分教职员；二是条件不够，没有好的舞台来布景，灯光和服装不齐全，没有长期互相练习的机会；三是指出公演的意义，认为只要不致完全失败，相信这次的公

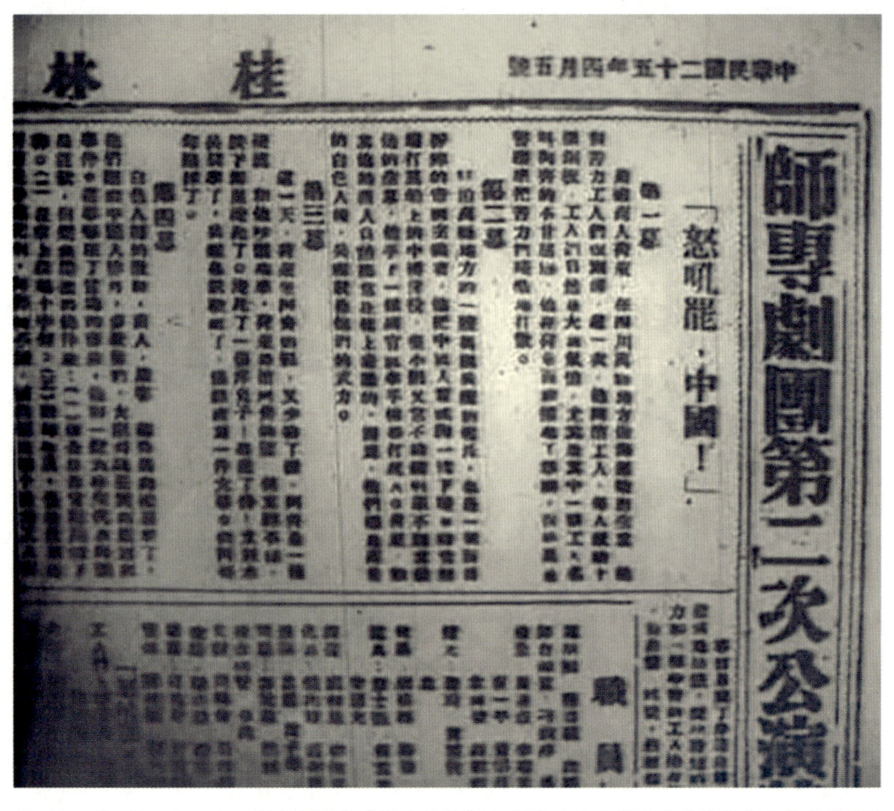
桂林　　中華民國二十五年四月五號

師專劇團第二次公演

「怒吼罷，中國！」

第一幕

第二幕

第三幕

第四幕

職員

⊙ 1936年4月5日，广西师专剧团在《桂林日报》发布第二次公演公告（校党委宣传部供图）

演会给广西的话剧运动多少带来一些刺激。

《怒吼吧，中国！》的演员全部由广西师专的学生担任，魏鼎勋饰演美国商人荷莱，党宝琴饰演英国炮舰舰长，梁邦鄂饰演买办，罗惠饰演商业家，其他参演的学生还有温致义、钟德炎、何砺锋等。这部话剧的成功是160余名师生通力合作的结果，不仅演员全情投入，而且负责道具布景的学生也十分尽心。剧中有一个战舰的布景十分复杂，换景时间又极短，十几位布景的学生经过认真的商量和考虑，合理分工，配合默契，幕布一拉下来，一声令下，马上拆卸旧景，装配新景。当台下的观众还在议论前场的演出时，下一场的帷幕就已经拉开了。

《巡按》由师生合演，因此更加引人注目。《巡按》为讽刺喜剧，讲述一浮浪青年被错认作钦差巡按的故事。其内容是：某县知事风闻将有巡按到县暗中察访的消息，即布置各部门要员做好准备。此时，在一家旅店里住着一位付不起房钱和饭钱的青年，行迹颇为可疑。知事得知后，竟认为这青年是巡按，对他特别恭敬。青年也摆出一副俨然自己就是巡按的架势。于是，各要员都向他讨好，纷纷贿赂财物。知事更是无耻，居然让妻女与他调情，甚至要将女儿许配给他。众百姓则向他请愿诉苦，告发知事、要员、绅士们种种贪赃枉法的劣迹。他便将这些卑劣而糊涂可笑的事实写在信里，寄给一位作家作为小说创作的素材。因怕暴露真相，他骑上骗到的快马，偷偷地逃跑了。当知事与要员们正为巴结上巡按将要升官发财而欢庆时，邮局局长却跑来告诉大家：从偷拆假巡按寄给作家的信来看，大家都受骗上当了。一时间，大家又羞又气。接着，忽又有人来报告：真的巡按已到，马上就要接见他们。这一晴天霹雳，更把大家吓得如泥塑木雕一般。话剧就以这样的哑场结束，帷幕冉冉落下。虽然这部戏剧反映的是沙俄的官场现实，但观众仿佛是在读一部旧中国的《官场现形记》。

⊙ 1937年启明书局出版的《巡按》
（校党委宣传部供图）

这次演出比第一次公演规模更大，投入的物力、人力更多，动员师生100多人参加。观众也特别多，甚至有些观众从柳州、南宁专程赶来。观众评价说："学校剧团演出大型话剧，这是开天辟地第一遭，也是桂林有史以来第一遭。"沈西苓自豪地说："演出的成功主要归功于演员，像这样的演员阵容，大教授亲自登台演戏，不要说全中国少见，全世界也少见。"虽然和专业剧团相比，广西师专剧团还有很多不足，但是这两次公演在桂林乃至广西戏剧发展史上都具有开创性意义，传播了新兴艺术和爱国主义思想，影响了广西戏剧后来的发展。第二次话剧公演后，陈望道等开始筹备下一次公演，剧目选了曹禺的《雷雨》。不料，六一事变打乱了他们的计划，学校停课，学生有的参加运动，有的回家乡，沈西苓等老师也离校了。两次公演引起了社会的强烈反响，堪称广西话剧运动的起点，起到了播种和开拓的作用。经过陈望道等人的开垦，话剧这一新兴剧种开始在广西的土地上成长起来。

促进马克思主义的传播

广西师专所推动的这次话剧运动之所以能够取得巨大的成功，归根结底在于，师专师生以话剧这种艺术形式揭露了社会中人们敢怒不敢言的一些丑恶现象，抨击了帝国主义对中华民族的压迫，不仅揭露了封建主义对人民大众的毒害，更是刻画出帝国主义、封建主义者凶恶和虚伪的嘴脸，引起了观众的强烈共鸣，激发了青年学生的爱国热情和革命情绪。这次话剧运动揭示了当时中国需要进行反帝反封建斗争的迫切性和必要性，加深了人民群众对于中国国情的理解，进而使人民群众认识到马克思主义是适合中国国情的正确主张，促进了马克思主义的传播。

第一次公演的剧目《屏风后》尽管在剧情上讲述的是小人物的恩怨情仇，但是其象征意义十分明显。例如，"屏风"具有维护封建道德的象征意义，"道德维持会"会员就是些满嘴仁义道德、实际上男盗女娼的虚伪卫道士。这部戏剧揭露了封建思想是凶恶的统治者麻痹、制约、统治人民的工具，促使青年学生坚决地与封建主义做斗争，具有典型的反对封建思想的意义。这对于那个时代打破封建主义的束缚，争取人民民主具有特别的历史价值。

第二次公演的剧目《怒吼吧，中国!》则是直截了当地对帝国主义进行抨击。剧中英国炮舰“金冲号”的舰长就是帝国主义的代言人，而被处死的两名万县的船夫代表着无数被帝国主义残害的中国同胞，万县码头工人和广大群众的愤怒代表着当时所有中国人对帝国主义长期进行民族压迫、残害中国同胞的愤慨。这部戏剧也激起了青年学生强烈的爱国热情，让这次话剧运动达到了高潮。需要指出的是，这部戏剧的主题虽然是反对帝国主义，但也暗示了容忍帝国主义在中国肆意妄为的反动统治当局是帝国主义帮凶的角色，因而也激起了人民群众对当时统治者的强烈不满。《巡按》尽管反映的是沙俄的官场现实，却也是在对旧中国的官场以及官僚资本主义的控诉。旧中国的官吏事实上已经沦为帝国主义和封建主义残暴统治中国人民的工具。他们对帝国主义者阿谀奉承，对上司同僚和声和气，对人民群众却凶狠残酷，这样的嘴脸是人民群众在旧中国的官场所常见的也是最深恶痛绝的。这部戏剧激发了人民群众内心反抗残暴统治以及进行革命斗争的热情。话剧虽然只是一种艺术形式、一种表演，但它所蕴含的深刻内涵促进了马克思主义的传播。

◎陈红惠

1932—2022

广西师专筑牢新文艺宣传阵地

1935年，广西省教育厅厅长李任仁连发三信力邀陈此生来广西师专做教务主任，希望他能够掌好师专的“舵”，并且“带些好的教授来此”，陈此生应邀前来。在担任教务主任以后，他做了一件对师专极为有利且影响深远的事情，即向全国各地的知名学者遍致函件，邀请他们来此讲学或任教。为此，这一年有不少的文人学者到访或任职于广西师专，其中陈望道、杨潮、夏征农的到来，为校刊《月牙》的创立和壁报“普罗米修士”的出版做了铺垫。若说陈此生为校刊《月牙》与壁报“普罗米修士”埋下了第一块基石，那么陈望道、杨潮、夏征农就是在此之上开始了整个“建筑”的构造。

兴办校刊《月牙》

《月牙》之名听起来虽然稍显温婉，但它却是师专校园中传播文艺和革命思想的重要阵地。陈望道把刊物命名为《月牙》，其用意有三：

一是用以代表位于桂林城东的月牙山，借此彰显刊物的桂林特色；二是指月之初升，比喻新生事物的成长；三是象征当时农村革命的深入。

1935年11月16日，《月牙》发行了创刊号，代表着这个校刊的正式创办。发刊语开篇第一句说道：“在一般的刊物创刊发行时，照例要来一篇‘冠冕堂皇’的发刊词或开场白，借此鼓吹鼓吹；可是本刊的精神，是在务实际不尚空谈，求具体的理论或事实问题的解决，所以我们还是用‘单刀直入’的方式，将本刊的任务、态度、内容和希望等等方面，‘和盘托出’，一条条的列举出来。”其中，一个“冠冕堂皇”，是指《月牙》不打算宣传歌功颂德性质的奴隶理论；一个“单刀直入”，是说《月牙》力图做一种解决实际问题的精神武器；一个“和盘托出”，反映了《月牙》编者对待刊物及读者的一种诚实态度。总之，该刊重在清简扼要，而不是专给“文氓”打广告的地方。

1936年，《月牙》进行了一次形式和内容上的创新，先后编辑了四个专号，都是针对广西和全国的形势及时提出的，也有总结和回顾的意思。一是新年（特大）号：于1月出版，对一年来的国际政治、国

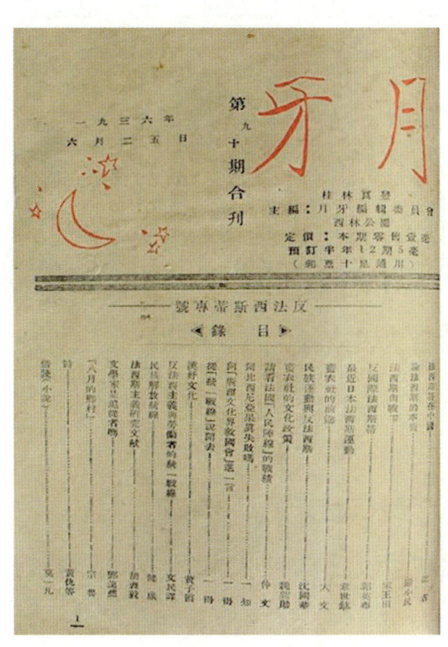

⊙《月牙》创刊号（校党委宣传部供图）

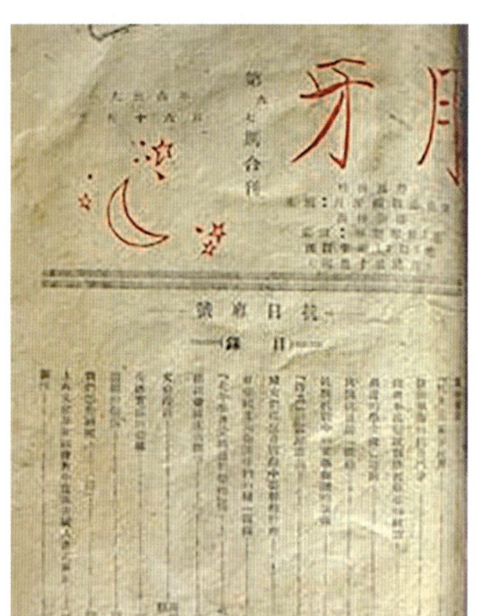

⊙ 1936年3月16日《月牙》第六期、第七期合刊“抗日专号”(校党委宣传部供图)

内政治、中国的经济和农村以及中日问题都做了综合性的分析、叙述，如陶保桓的《一九三五年的中国农村》。二是抗日专号：于3月出版，由第六期、第七期合刊而成，发表近20篇文章，首篇《写在前面》(代发刊词)便指出抗日是当前中华民族解放运动最主要的任务，也更多地介绍了各地广大革命民众抗日的状况和当前的形势，揭露南京政府不抗日的真面目，如刊出了匪石的《“抗日”与南京政府》，易卓的《民族抗日统一战线》等。三是反文言文专号：于5月出版，是当年的第八期，主题与一篇《桂林中学同学录序》有关。《桂林中学同学录序》是桂林中学颇有名望的老教师、前清举人石孟涵所写的“骈文”，陈望道发现后立刻组织学生写批判文章，提倡“大众语”的白话文，反对用“骈文”来复活封建意识。四是反法西斯专号：于6月出版，由第九期、第十期合刊而成，专号多达7万字，揭露了德、意、日以及中国蓝衣社等法西斯的种种罪行，有陈大文、严炳枢翻译的共产国际报告，题目分别为“现代法西斯主义的本质”和“反法西斯主义和劳动阶级的统一战线”。

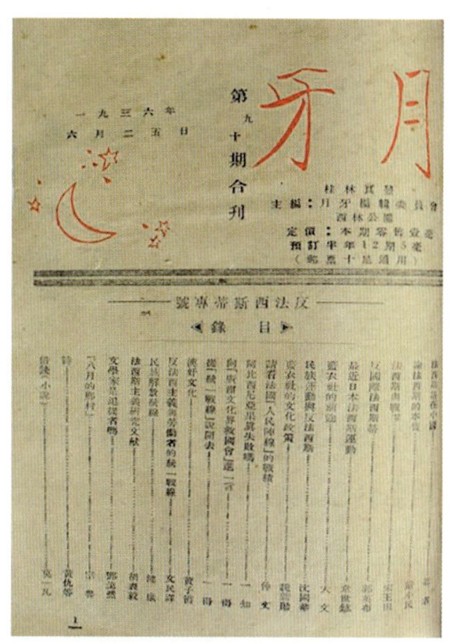

⊙ 1936年6月25日《月牙》第九期、第十期合刊“反法西斯专号”(校党委宣传部供图)

刊物所作所为，的确可贵。无怪乎有人如此评价：“上述这些文章表明这份校刊，既有辅导学生学业的，也有开阔学生眼界的；既有学科专业，更有一种国际的眼光、世界的怀抱和社会的关怀。”

创办壁报“普罗米修士”

命名是办壁报的首要任务，陈望道决定将壁报命名为“普罗米修士”，对于其中含义，他解释道：“普罗米修士是希腊神话中造福人类之神。他曾从天上盗取火种带到人间，给人类以光明，又曾传授人们多种技艺，给人类以智慧。就这样，他触怒了天帝宙斯，被缚在高加索山崖，让神鹰每天啄食他的内脏，他备受折磨却始终不屈。因此在欧洲古代文艺作品中，普罗米修士一直是个敢于抗拒强暴，坚持真理和正义，不惜为人类幸福而牺牲一切的英雄形象，受到人们最热烈的歌颂。目前中国也正需要光明，需要千千万万敢于为真理和正义而斗争的普罗米修士啊！我们要在桂林，要在广西师专点燃起光明的火把，照亮全中国。我们广西师专的每个同学，都应成为敢于斗争、敢于坚持真理和正义的普罗米修士。”用意所在，已是非常明白，这个壁报就是要传播光明和智慧的火种。之后，壁报主编沈国华按着陈望道的这番话写了壁报的发刊词，正式创办起了“普罗米修士”。

壁报创建后，每期都琳琅满目，颇具特色，很是引人注目。一方面有学术评论，另一方面学生可自由地在此发表见解，如果朝会上论辩的时间不够，也可在壁报上接续下文，大有寻根究底的钻研风气。不久，陈望道又提出了新的倡议，建议在壁报上刊登一则“关于中国社会性质问题研究专刊”的征文启事，鼓励学生写文章、表观点。随后各方观点齐齐表露，来信太多、文章太长、气氛太热烈，张贴的地方早已不够用了，“编后话”只好说等下期再贴出剩余的稿件。然而它们的主人却已不耐烦再等了，这些学生便径自拿到教室外或梅厅左侧的墙壁处张贴。一时之间，论战的风云翻腾在整个学校当中，师专竟成为“壁报的海洋”。

传播革命火种

校刊《月牙》和壁报“普罗米修士”是抗战烽火中的重要宣传阵地，其发展对于传播马克思主义、培养进步青年、指引革命道路具有重要意义。

《月牙》校刊是宝贵的，因为它为师专的学生宣传了文艺，传播了新的思想，培养了进步青年，也号召了全广西的革命民众一齐起来去点燃抗日的炬火，朝着自己的信仰前进。陈大文作为这份校刊主要的编者之一，他的回忆文章使《月牙》得以用更加直观的方式呈现在我们眼前：“《月牙》最可贵的贡献，是它宣传了中国共产党的方针政策，为当时的抗日救亡运动指明了方向。”的确，该刊的宗旨是宣传抗日，要求建立抗日民族统一战线，即“借这个刊物，做星星的野火，好去燃烧起那被压伏在反动统治下的民众心里的革命烈焰，一齐起来，廓清一切黑暗的反动势力，创造一个光辉灿烂的世界，并推动中国文化，正式踏上一个新的阶段”。此外，据陈大文回忆，《月牙》曾因本身的优质内容和低廉售价而好几次再版，甚至影响了正在中学读书的青少年，指引他们走上了革命的道路。

壁报“普罗米修士”通过刊登文章、学术论辩等方式充分发挥了宣传阵地的应有作用，对于传播马克思主义、培育革命青年具有重要意义。香港《星岛日报》的一位记者曾专程来到学校采访，回到香港后用了整版篇幅报道“这片海洋”，称壁报被外界视为“20世纪30年代初社会史论战的余波”“影响已超省界、国境，远及海外”，又称赞“广西师专是马列主义的革命堡垒”……广西师专筑牢新文艺宣传阵地的种种事例，表明了学校师生对中国革命道路的认真思考，在研讨“中国往何处走”的大问题上表现了极强的自觉力和行动力。如今看来，那些壁报的确彰显了师专学子为理想战斗过的青春年华，他们立志像普罗米修士一般传播光明与智慧的火种！

◎陈红惠

1932
—
2022

桂林师院蓬勃开展的新文学活动

1942年，广西师专升格为广西省立桂林师范学院后，设置了教育、史地、理化、国文、英语5个系，开始了四年制本科教育。1943年8月1日，广西省立桂林师范学院升格为国立桂林师范学院（广西省立桂林师范学院、国立桂林师范学院后文均简称桂林师院），奉教育部令接收了广西大学中文、理化、史地3个专修科，还承担西南各省中等学校师资培养，接收西南各省选送的保送生，办学规模进一步扩大。教授阵容也逐渐加强，先后聘请了张世禄、陈翰笙、陈竺同、吴世昌、林焕平、谭丕模、穆木天、彭慧、张毕来等进步学者和知名人士来校任教。课程设置的综合化、科学化和广大进步学者的来校任教不仅为桂林师院营造了良好的学术氛围，也为新文学活动的发展提供了强大的人才资源和良好的环境基础。

异彩纷呈的壁报团体和刊物

异彩纷呈的壁报团体和刊物是桂林师院新文学活动的具体表现形式之一。在近10年的办学历程中，桂林师院师生组织成立了各种社团，创办了各种刊物，并举行了多姿多彩的文化文学活动。据统计，仅1946年全院就有20多个壁报团体，参加“出联”登记的就有24个出版单位。这些壁报的内容涉及专题讨论、学术专论等，因为壁报张贴在一条长廊上，因而该走廊被称为“民主走廊”。主要的壁报团体和刊物具体可分为4种类型，如表1所示。

表1 桂林师院期间主要的壁报团体和刊物

类型	具体团体	具体刊物
全院性	学生自治会	《师声》《壁联》
	女同学联谊会	《女联》
	各系选出代表组成编委	《生活导报》
各系学会	教育学会	《教育新哨》
	史地学会	《直笔》
	理化学会	《共鸣》《幻》
	国文学会	《国文半月刊》
	英语学会	*Eug She I Echo*
学生自由组合	独秀峰社	《独秀峰》
	南方社	《南方》
	诗潮社	《诗潮》
	小钢炮社	《小钢炮》
个人出版	个人出版	《血花》《星火》

内容丰富的铅印文艺刊物

除大众型的普通壁报外，桂林师院师生还在校内外创办了一些铅印文艺刊物，这些刊物的创办为学院师生新文学创作提供了发表的平台，在提高师院教学质量和影响力的同时，也有效地推进了新文学在校内外的发展。这些文艺刊物主要分为学院创办、教师和学生社团创办、师院学生自治会（简称学治会）创办，以及国文系在校外报刊开辟的文艺副刊五个类型，具体刊物如表2所示。

表2　桂林师院期间创办或发表的铅印文艺刊物

类型	名称	刊物信息	刊物主要内容
学院创办	《广西省立桂林师范学院院刊》	1942年创刊，月刊	院闻、简讯、院内外专家演讲稿、师生的随感与散文
	《国立桂林师范学院院刊》	1944年创刊，半月刊	
	《国立南宁师范学院院刊》	1947年创刊，半月刊	
	《广西教育研究》	1942年创刊，编辑发行	学院“师范研究所”编辑发行，侧重学术研究，包括社会科学、自然科学、教育、文艺等方面
	《国立桂林师范学院丛刊》	1946年创刊	以刊载包括社会科学、自然科学、教育、文艺等在内的学术论文为主
教师和学生社团创办	《只有战斗》	1946年出版	以刊载诗歌、散文为主，以“争取和平民主，反对内战独裁”为主要内容
	《收获》	1946年出版	以刊载小说为主，以“争取和平民主，反对内战独裁”为主要内容
师院学生自治会创办	《学生生活》	1946年创刊，半月刊	创刊词为《为真理而生活》，把“为真理而学习、而斗争”作为指导思想和办刊方向；刊登消息、通讯、社论、时评。师生的文艺作品主要在“文艺”专栏进行刊登

续表

类型	名称	刊物信息	刊物主要内容
师院国文系在校外报刊开辟的文艺副刊	《文艺园地》	1945年出版于贵阳的报纸	刊登学院师生的文艺作品和一些宣传民主主义思想的文章
	《艺文旬刊》	1946年出版的《广西日报（柳州版）》	主要刊登师生创作的小说、诗歌、散文和译作
	《艺文周刊》	1946年出版的《桂林工商报》	主要刊登学生创作的小说、诗歌、杂感和短论等
	《文史地周刊》《文艺园地》	1946年出版的《广西日报（桂林版）》	刊登师生写的论文及文艺作品

形式多样的学术和文艺活动

形式多样的学术和文艺活动是桂林师院新文学活动的具体表现。敦请名流学者、专家做演讲和报告是学术和文艺活动最为普遍的一种形式。从1946年4月复刊的《国立桂林师范学院院刊》5期的“演讲纪录”栏目来看，仅记录在案的4个月时间里，名流学者、专家的演讲和报告就有11次之多。学院创办之初，为了活跃学术思想，除了延聘进步人士和学者教授来校任教外，还邀请院外的专家学者来院做报告，如请梁漱溟做关于中西文化交流和印度佛学的报告，请白鹏飞做宪政问题的报告，请柳亚子做关于评价《甲申三百年祭》的报告，请熊佛西做戏剧评论的报告，请田汉做关于戏剧改革的报告，等等。

此外，1946年五四纪念活动的演讲也体现了桂林师院新文学活动的蓬勃发展。为纪念五四运动，中国共产党桂林组织和中国民主同盟（简称民盟）桂林组织决定召开盛大的纪念会，由桂林师院学治会出面，联合桂林文化界联谊会、文艺界协会桂林分会、美术工作者协会、桂林妇女界联谊会等团体在师院附中礼堂举行，有五六百人参加了大会。林砺儒主持大会，介绍了五四运动的经过和意义，强调只有政治上的

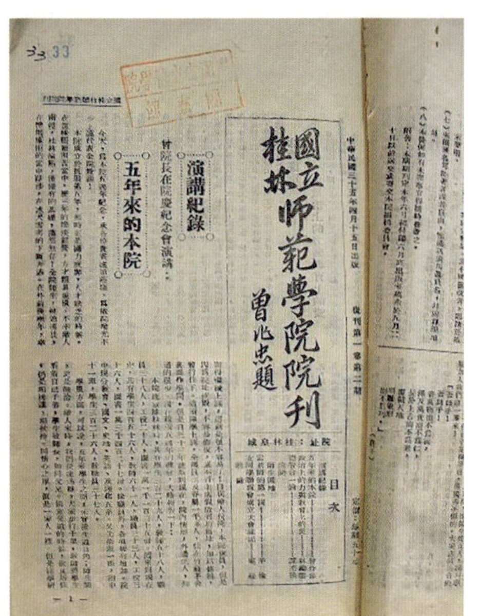
國立桂林師範學院院刊

曾作忠題

中華民國三十五年四月十五日出版

復刊第一卷第二期

院址：桂林東城

目次

演講紀錄

曾院長在院慶紀念會演講：

五年來的本院

— 1 —

⊙ 国立桂林师范学院院刊（1946年4月）（校党委宣传部供图）

民主，才有科学的繁荣昌盛。穆木天讲述了当前文艺要为“争取和平民主，反对内战独裁”而斗争。

轰轰烈烈的戏剧文艺活动也是桂林师院新文学活动的具体表现形式之一。桂林师院是先有话剧演出活动，之后才成立社团的。1944年5月12日，在桂林师院学生的一致努力下，一个戏剧教育团体即青年剧社成立。追溯师院剧团的戏剧活动历史发现，5年内剧团共出演话剧20多部，这些戏剧活动的开展不仅丰富了校园生活，而且加深了学生对文艺作品和新文学创作的理解以及对现实的认识，提升了他们的精神境界。

推动文学新气象形成

桂林师院新文学活动的发展对于传播马克思主义、培养进步青年具有重要意义。在桂林师院新文学活动蓬勃发展期间，大批文化名流、知名学者和作家的加盟，为学院带来了浓厚的学术氛围和文学新气息。

文艺社团和刊物不仅有助于促进师生的交流互动，而且为培养进步青年提供了活动阵地，也使得校园文学得到有效传播。

新文学活动中异彩纷呈的壁报刊物内容不仅涉及学术专论，而且包括时评、政论等，马列主义的基本观点和民主革命思想在各类壁报、刊物创办发表和学术文艺活动发展过程中得到传播，直接影响了许多桂林师院的学生投身革命事业，从而助推了中国革命的发展。

◎ 陈红惠

1932
—
2022

桂林师院助力
桂林抗战文化城的形成

抗战全面爆发后，广西的抗日救亡运动迅速掀起高潮，特别是广州、武汉等地沦陷后，广西成为西南大后方，桂林成为连接西南、华东、华南的交通枢纽，军事战略的地位日益突显。1938年11月中旬到12月上旬，国民政府军事委员会委员长桂林行营成立，白崇禧任主任，桂林成为国统区南方军事、政治中心。1940年4月，国民政府军事委员会桂林办公厅成立，李济深任主任，林蔚任副主任，辖4个战区共8个省。桂林城区成为沦陷区人员疏散的主要地区之一，大批文化人和文化团体云集，城区人口由原来的7万人猛增到高峰时期的50万人。在中共南方局的影响和领导下，桂林成为抗战时期著名的文化之都。

桂林师院凭自由、民主、进步的优良校风成为抗战时期享有盛誉的桂林文化城的重要组成部分，是抗战时期西南地区新文化运动、新文学运动和民主运动最活跃的院校之一。

以“服务抗战”的教育目标推动桂林抗战文化城发展

抗日战争时期是关乎民族存亡的时期，桂林师院以坚不可摧的办学精神和与时俱进的办学特色，高质量、高水平地保存了教育的火种，培养了大批为抗战做出突出贡献的杰出人物，客观上为桂林抗战文化城的构建贡献了重要力量。

在抗战期间，桂林师院以服务抗战为教育的侧重点。在这样的办学目标指导下，桂林师院除了开展正常的授课外，还积极参加各类宣传抗战活动，为桂林抗战文化城的形成做出了重要贡献。

一是桂林师院进步教师积极宣扬民主思想和抗战精神，同时加强与校外民主革命人士的文化交流，共同引导和促进抗战文化的传播。其中，1935年就加入中国共产党的陈翰笙在曾作忠院长、林砺儒教务主任的邀请下来到桂林师院任教。陈翰笙思想进步、作风民主，十分关注中国抗日战争对世界反法西斯战争的作用问题。他在桂林师院任教期间做了关于国际反法西斯形势的报告，在报告中讲述了苏德战争和太平洋战争爆发后国际形势的变化，世界各国人民的进一步觉醒促进了世界反法西斯阵线的迅速形成；中国人民4年多的流血牺牲，赢得了世界人民的同情和支持。他认为中国抗战正处于重要转折时期，只有坚持进步，坚持团结，坚持抗战，才能争取抗日战争和反法西斯斗争的最后胜利。此次报告会反响很大，不仅激发了师院学生的抗战热情，也引起了校外民主革命人士的关注，促进了抗战文化的传播交流。此外，教育系主任林仲达对教育与中国革命的关系进行了深入研究，他在《艺术教育与革命》一文中精辟地论述了教育和革命的关系：“教育是造人的艺术，艺术是革命的教育。”该文对教育与革命的共通点的叙述获得了社会各界进步人士的广泛认同。桂林师院教师通过发表进步文章积极参与时事政治话题的讨论，为桂林抗战文化城的繁荣发展增添了力量。

二是在桂林师院进步教师的言传身教下，桂林师院的进步学生也自发地密切与中共地下党组织和校外进步人士联系，通过创办读书会等形式广泛宣传抗战知识，积极应和“服务抗战”的教育理念。读书会在进步学生中传阅中共地下党组织发来的小册子和报纸，其内容有的是揭露国民党军队在各地搞摩擦的实况报道，有的是控诉国民党在各地制造的法西斯暴行，有的是新四军截获的国民党与日军秘密和谈的文件，还有中国共产党对时局的声明以及《解放日报》《新华日报》的评论文章等。桂林师院学生通过读书会自觉学习进步书刊，宣扬抗战文化和民主知识，为将桂林铸造成一座新型的抗战文化城做出了特殊贡献。

此外，桂林师院积极组织在校师生召开大量研讨会、座谈会，学生与教授齐聚一堂，集体研究，互相启发，推动了桂林抗战文化城学术活动的发展。为加强与校外民主革命人士的文化交流，在科学技术类活动方面，1943年4月9日，桂林师院邀请朱谦之做了“文化类型学”的讲座演说，反响巨大；在时事政治类活动方面，桂林师院学生自治会于1944年4月27日主办了学术演讲，主讲人金仲华以“最近国际形势”为主题展开学术演说。通过与当时汇聚桂林的文化名人开展交流学习，桂林师院形成了校内外文化交流联系紧密、知识传播互通互鉴的良性双向循环，客观上助力了桂林抗战文化城的发展。

1945年4月，桂林师院向《新华日报》发出“民主、胜利、和平”宣言。正是由于抗战救国的办学思想贯穿于桂林师院教育办学的始终，所以桂林师院的学生在学习专业知识之余主动将大量精力投入抗战宣传，桂林师院进步教师和在与时俱进教育理念下培养出来的学生为桂林抗战文化城的形成和后来抗日战争的胜利贡献了积极的力量。

话剧活动助力文化抗战

桂林师院的戏剧运动在西南剧展的兴起下逐渐繁荣。桂林师院通过戏剧演出宣扬抗战文化和民主思想，真正做到以戏剧活动育人，助

⊙ 1944年2月15日，西南剧展在新落成的广西省立艺术馆开幕，图为全体参会的戏剧工作者合影（桂林市桂剧团供图）

力文化抗战。西南剧展是在国民党统治区进行抗日进步演剧活动的一次空前大检阅，它的兴起使得戏剧运动在桂林师院犹如星星之火，瞬间燎原。

早在1942年，桂林师院的戏剧新苗是一出独幕剧，名为《孤岛黄昏》。这出戏剧的演出“开创了本院演剧的纪录，揭开了学院剧运的前幕，掀起了静静的师范戏剧的一丝微波，这就是学院剧运发展前的一段最宝贵的孕育时期”。

那时广西师专已升格为广西省立桂林师范学院，既担负着办学的新责任，也处在教育的成长初期。毫无疑问，这出戏剧的演出对师院的戏剧活动而言意义非凡，可以说是开了先声、做了引领。1943年8月，广西省立桂林师范学院很快就升格为国立桂林师范学院。未及一年，即1944年2月15日至5月19日，桂林举办首届西南剧展，各地的文化名流齐聚一堂，为戏剧的宣传工作做了极大的努力。虽然当时桂林师院并未参与展演，但是桂林师院的教师参与了对西南剧展的评论，并探讨了戏剧教育的严肃意义。西南剧展“直接或间接的灌溉，使我们学院这一枝孕育在沃野里的戏剧幼苗逐渐地成长起来了”。1944年5月12日，仍在西南剧展期间，桂林师院成立了一个戏剧教育的团体——青年剧社。整个剧社组织有序，各司其职，社长和副社长各1人，下设演出、剧务、总务各3股，每股有股长1人，其中股员由股长聘请。当时参加的社员有40余人，对戏剧有着非常高的热情，他们不仅把戏剧看成一种兴趣，更当成适应抗战需要、推行战时教育的一份工作。本来青年剧社打算在暑假做巡回演出，不料遇上桂林大疏散，计划未能实现。然而，戏剧的种子既然已经播撒，其成长必将是“不择地而出”的。

在桂林抗战文化城的形成和发展中，桂林师院秉持强烈的责任担当意识，成为桂林抗战文化城的传播辐射中心之一和文化抗战的重要地点，是抗战先进文化的一面旗帜。学校进步教师通过举办学术报告和发表文章等形式，把教育与革命形势结合起来，传播民主思想，助力桂林抗战文化城发展。桂林师院学生通过组织读书会，宣传抗日文化和民主知识，为铸造桂林抗战文化城做出了特殊贡献。桂林师院积极组织在校师生自发召开大量研讨会、座谈会进行校内外交流学习，推动了桂林抗战文化城学术活动的发展。桂林师院剧团通过戏剧演出宣扬抗战文化和民主思想，以戏剧活动为依托培育学生，为文化抗战贡献了力量。这些都充分展现了桂林师院在抗日民族统一战线形成过程中所发挥的作用。

◎ 陈红惠

抗战时期桂林师院西迁路上新思想的传播

1944年，日军在太平洋战争中接连失利，日本为打通大陆交通线，发动了豫湘桂战役。1944年6月，随着日军的逼近，桂林开始进行大疏散。作为一所国立学府，桂林师院坚持教学，服务抗战，为保存教育文脉，决定西迁。在民族危难之时，桂林师院的西迁是教育救国的必然选择。两年左右的时间里，桂林师院经历战火纷飞的西迁之路，再到百废待兴重建家园，谱写了一曲壮丽的西迁史诗。

西迁之路翻山越岭，走走停停，摸索前进，在曾作忠院长的带领下，全体师生自发宣传抗日、呼唤民主，凝聚革命力量，传播新思想。

文化抗战的斗争方式

1945年5月4日，因抗战迁至贵州平越（今贵州省福泉市）的桂林师院全体学生为响应国立浙江大学、国立西南联合大学学生发出的民主宣言，发表了题为《我们要民主胜利和平》的宣言，倡议建立民主的联合政府。这一民主宣言被国民党中统局严密监控并上报教育部部长朱家骅。现今，中国第二历史档案馆公开的国民政府教育部档案中就保存着《中统局关于桂林师范学院学生发表我们要民主胜利和平宣言的情报》。

进步教师在桂林师院工作期间倾力投身教学和科研，谱写了教育抗战的赞歌，其间的学术成果非常丰富：林砺儒于学院疏迁贵州平越期间写成了《教育哲学》；杨荣国编著了《中国十七世纪思想史》《西洋现代史读本》《孔墨的思想》等书；谭丕模先后八易其稿编著了《中国文学史纲》，这部著作被文学史家李何林评价为“用科学唯物论的方法和观点从事中国文学史写作的第一部”；陈竺同著有《中国文化史略》；张世禄出版著作《中国训诂学概要》。

从广西到贵州，师生们在战火中坚持教学，坚持科研，传播火种，谱写了文化抗战的壮歌。在贵州平越期间，国文系还在贵阳的报纸上开辟了《文艺园地》副刊，发表学生的进步文艺作品，穆木天、彭慧亲自阅稿、指导。学生吴天佑的习作小说《周排长的悲哀》和诗歌《夜平越》在彭慧和穆木天的指导下，在文艺杂志《只有战斗》上发表。

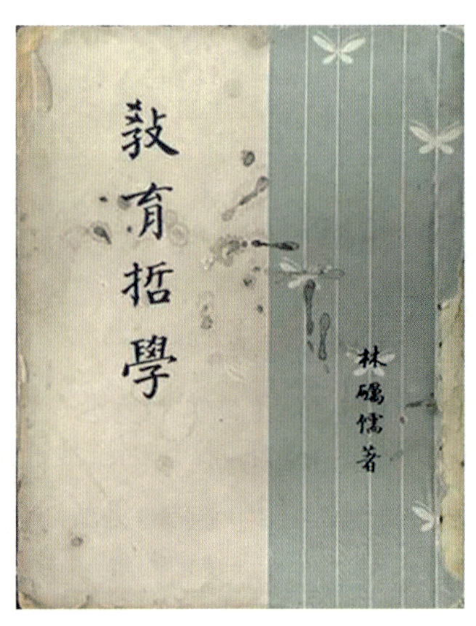

⊙ 林砺儒著的《教育哲学》，1946年由开明书店出版（校党委宣传部供图）

戏剧活动宣传新思想

桂林师院的师生们在西迁路上通过戏剧活动传播了新思想。1944年至1945年，桂林师院的师生们即使在西迁丹洲、平越的旅途中，仍然继续开展戏剧运动。1945年元旦在贵州剑河县为当地居民演出了独幕剧《连升三级》。到达贵州平越后，为适应环境的需要，更好地组织和团结广大学生，1945年2月成立了师院剧团，郑仲坚为剧团团长，团长之下分导演、剧务、总务、宣传诸部，全团成员100余人。自此，桂林师院的戏剧演出开始蓬勃发展起来，先后演出《胜利第一》(独幕剧)、《少年游》(三幕剧)、《结婚进行曲》(五幕剧)和大型歌舞剧《沙漠之歌》、多幕话剧《金玉满堂》等。

1946年的文献《本院剧运的回顾与前瞻》较为详细地记录了西迁路上桂林师院师生以戏剧传播新思想的大致过程。因为湘桂大撤退，桂林师院先是迁到广西丹洲，然后经过贵州剑河迁到贵州平越。从丹洲到剑河，正是1944年末1945年初，桂林师院在剑河停留了半个多月，过了1945年的元旦。正是在这段时间里，桂林师院在剑河演出了独幕剧《连升三级》。该文写道："因为这一出戏剧暴露保长的丑态和出卖壮丁的弊端，所以拿来在剑河演出是很适合的。虽然观众多为苗民，我想，从他们的微笑中可以推测他们的确了解这剧的情节。从一个剑河中学国文教师的谈话里，我欣然以为这一幕剧演出得其所了。他说：'我们那边乡下真有朱保长这一类的人。'"

到达平越后，1945年2月1日，青年剧社召开成立大会。开会时，恰好马场坪劳军队派专人来邀请青年剧社到马场坪进行劳军演出，曾作忠同意了这一请求。青年剧社为劳军专门排练了《胜利第一》，虽然后来劳军演出被取消，但《胜利第一》仍然在桂林师院的舞台演出了。

之后，为欢迎林砺儒教务主任等教授到达平越，青年剧社又排练了三幕剧《少年游》，于1945年2月28日进行了演出，该剧描写敌后大学生勇于与敌伪进行斗争的情形，很大程度上激励了后方和沦陷区的

⊙ 桂林师院院长曾作忠（校党委宣传部供图）

人民积极投身爱国主义革命运动，客观上宣扬了敌后人民是不怕威胁、不受利诱的爱国志士。同年4月1日，在桂林师院成立三周年之际，青年剧社演出了五幕喜剧《结婚进行曲》，抨击和讽刺了黑暗的封建残余，从妇女的视角揭露了社会的不平等和不合理，这不仅是为妇女求解放的第一次“呐喊”，也反映了广大群众为争取社会上一切平等自由的热切心声。

当时的桂林师院不仅有青年剧社在排演戏剧，其他团体也排演戏剧。比如，1945年4月2日，教育学会演出了歌舞剧《沙漠之歌》，用短短的两幕剧描写了知识青年到边疆从事抗战宣传工作的内容，即使不是来自沙漠地带的人民观看了演出，也会大为感动。此外，同一天英文系上演的英文剧《月亮上升》也被观众认为非常精彩。

当时“剧潮涌起在师院的默流里”，热心于戏剧工作的学生越来越多，但青年剧社因名额有限，不能容纳更多的人才，于是，为了适应环境的需要，桂林师院又成立了师院剧团，全团成员百余人。

桂林师院在平越的话剧活动超出了校园的范围，影响了地方，活跃的话剧活动不但激发了学生的积极性，而且牵引着平越中学的戏剧运动向前发展。例如，平越中学高中部的《野玫瑰》、初中部的《离离草》《春寒》《寄生草》等演出都是由桂林师院的学生负责导演的，话剧活动影响范围的扩大在桂林师院戏剧运动史上写下了光辉的一页。

促进新思想跨域传播

抗战期间，桂林师院广大师生同甘共苦，不畏战争的炮火，辗转迁校，坚持办学，做到了文化抗战、教育抗战。颠沛流离的生活磨炼了学生刻苦耐劳、果敢敏锐的品格，培养了团结、民主、自治、互助的集体主义精神，将人心凝聚到一起，赋予了学校新的力量。教师互敬互爱，以自身的乐观、豁达引领着艰难岁月中的学生，在潜移默化

⊙ 1945年7月30日，桂林师院第一届毕业生与教师合影于贵州平越（校党委宣传部供图）

中，学生的集体主义精神得到增强，进步思想得到提升。院长曾作忠积极推动学科建设与民主管理，使桂林师院被誉为“西南民主堡垒”。桂林师院亦成为大后方著名的三所高等师范学院之一。

桂林师院在西迁岁月中艰苦办学的同时，积极响应中国共产党提出的“坚持抗战、反对投降，坚持团结、反对分裂，坚持进步、反对倒退”的号召，不断开展抗日救亡活动和民主运动，宣传抗日，呼吁民主，使在校师生和西南地区广大人民群众对国家的政治形势和抗战前途的认识更加清楚，对国家和民族安危更为关注。桂林师院为国家培养了大量的专业人才和革命志士。

第二章

加强组织建设 培养革命力量

◎梁钰　李延

广西师专党员教师播撒革命的火种

广西师专作为当时国统区少有的一所弥漫着进步气息的学校，吸引了一大批共产党员和著名进步学者先后到校主持校务、任教。他们在学校积极传播马克思列宁主义，按照党的路线、方针开展思想斗争，在学生的心中埋下了红色的火种。

坚定的马克思主义者

20世纪30年代，广西政治形势十分复杂，国民党新桂系与蒋介石集团既有矛盾又相互勾结，因此马克思列宁主义在广西青年学生中的传播并不是一件容易的事情。在当时的政治环境下，若公开宣传马克思列宁主义，广西师专就会办不下去，因此，既要注意传播活动的隐蔽性，又要给学生以革命的教育。广西师专首任校长杨东莼决定通过聘请进步教师到校授课的方式，巧妙地进行这一工作。

杨东莼到校后，广西师专先后聘请了一大批思想进步的知名学者、作家和教授，其中一些人还是与党组织失去联系的共产党人。曾参加过北伐战争、“八一”南昌起义的共产党员朱克靖就是其中之一。他应杨东莼校长的邀请，来到广西师专担任生活指导主任。朱克靖讲授的“世界大势”课程，主要是讲资本主义发展到帝国主义阶段面临的诸种矛盾，使学生认识到无产阶级革命是不可避免的。他同时还承担“社会发展史”的教学任务，从原始社会讲到社会主义社会、共产主义社会，都是以马克思列宁主义的观点来讲授的。除授课外，朱克靖还在校刊上发表文章，用马克思主义理论和革命思想教育启迪学生，被学生誉为“红色教授”。

又如薛暮桥，他曾于大革命时期加入共产党，后被捕入狱，来校后教“农村经济”和“政治经济学”，他鼓励学生分组讨论所学内容，以此加深学生的理解。此外，在课堂上，薛暮桥还对中国社会经济的性质、中国共产党的主张等进行介绍，但不做明显论断，意在启发学生自由研究，自行明辨是非。

这些党员教师虽然暂时与党组织失去了联系，但他们心中仍怀着崇高的革命理想。在师专，这些教师以引路人的身份对学生进行马克思列宁主义的教育，启发学生用新观点去分析时事和社会问题，以便学生充分认识时代和社会，明白社会变革的道理，了解当时的革命形势与前途，进而树立勇于革命的人生观，成为具有马克思主义信仰的青年。

鼓励学生阅读进步书籍

广西师专的图书馆购入了不同思想、不同流派的书籍，把当时国内出版而且也能买到的进步书籍都买来了，还买了许多复本，以供大家自由研究。教育方面的书籍有杜威的《民众教育》、陶行知的《教学做合一》、杨贤江的《新教育大纲》；哲学方面则是唯物论和唯心论的图书都有，西方资本主义国家的书籍和苏联社会主义国家的书籍也都

⊙ 邓初民著的《社会进化史纲》，1949 年由神州国光社出版（校党委宣传部供图）

被陈列于书架上。

任课教师会给学生开列课外自学书目，如邓初民的《社会进化史纲》、杨东莼的《本国文化史大纲》、布哈林的《唯物史观大纲》、列宁的《帝国主义论》等，这些都是当时学生争相阅读的热门书籍。

夏征农在师专讲授“中国小说史”，他与肩负传播进步思想重任的其他教授一样，要求学生广泛阅读其他专业的书籍，如哲学、政治经济学、社会学、教育学、革命史等社会科学类的书。学生通过阅读对当时的社会性质有了一定的了解，为其学习马克思主义理论打下了基础。

当时雁山园内弥漫着紧张而浓厚的读书氛围，无论在校园的哪个角落，课室、图书馆、走廊、湖边……都可以看到学生手捧书籍专心阅读的场景。

自编讲义　独具特色

广西师专开设的课程既没有固定的教材，也没有严苛的应试要求，教师教学所用的也大多是当时的进步教材，且常常自编讲义。自编讲义一方面能够与教师讲授的内容相契合，另一方面能够结合当时的社会形势对学生进行教育，引导学生将所学的进步理论与思想活学活用。

薛暮桥讲授“政治经济学”和“农村经济”，邓初民讲授“中国社会史”，陈望道主讲“修辞学”和“中国文法”，熊得山主讲“中国通史”，杨潮主讲“科学概论”和“选修英语”。这些教师授课从不照本宣科，而是根据其精深的研究，联系学术界的一些问题阐述其独到的见解，他们的课堂不仅生动有趣而且引人深思。

例如，薛暮桥初步尝试将马克思列宁主义中国化与经济学相结合，自编政治经济学讲义，不仅阐述了原始共产主义社会、奴隶社会、封建社会、资本主义社会经济的特点，还论述了半殖民地半封建经济的特点，描绘了社会主义社会。他讲授“中国农村经济”，运用自拟的教材提纲，理论结合实际，阐明中国经济中封建剥削关系仍占主导地位，与党的六大决议提出的中国的社会性质仍然是半殖民地半封建社会相契合。

又如，邓初民以他自己著述的《现代政治学》为教材，他讲课的特点是结合现实问题来分析讲解课本知识，特别着重批判蒋介石的对日妥协、独裁专制等反动措施。陈望道所用教材是他积累十多年研究心得而完成的《修辞学发凡》和新编讲义。陈望道根据多年研究，联系学术界论及的一些语言现象问题，阐述独到的学术见解，讲得生动有趣，很能启发学生的思考，因而深受学生欢迎。熊得山为了上好课，认真编辑通史讲义，花费许多精力搜集参考资料。在课堂上，熊得山毫不隐讳地阐发与当时正统史学迥异的新历史观，这在当时的社会环境下鲜有教师有如此的勇气在课堂上鲜明地论述这类观点，熊得山称得上是敢为人先了。

⊙ 陈望道著的《修辞学发凡》，1954年由新文艺出版社出版（校党委宣传部供图）

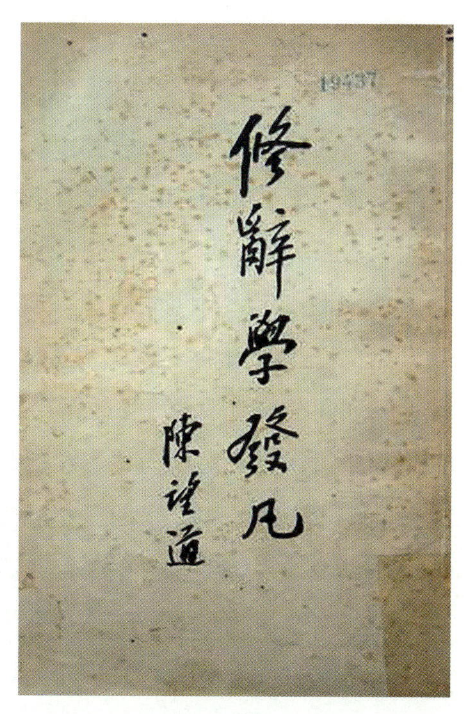

再如，杨潮在上“科学概论”时，以恩格斯的《自然辩证法》为基础，结合自然界和社会的发展变化进行教学。他擅长用通俗易懂的语言解释新术语，并喜欢与学生进行交流，使学习充满了趣味性，这既开阔了学生视野，又提高了学生对事物进行辩证分析的能力。此外，杨潮的英语教材也独具特色。他不仅从英、美等国的进步书刊上选用适合学生学习的文章做教材，还从英文版的马克思列宁主义文献中选取无产阶级专政的论述来当讲义，如此一来，更是激发了学生学习马克思列宁主义的热情。

这些进步教师自编的讲义帮助了师专学生更好地理解马克思列宁主义，激发了学生的学习热情。与此同时，在马克思主义与相关课程的融合中，马克思主义的种子已然如同雨后春笋在师专学生的心中生根发芽，茁壮成长。

以演讲启迪学生

师专的党员教师把演讲看作公开课，经常借此向学生宣传马克思主义。朱克靖曾做过“国际形势的回顾与展望”的演讲，他运用马克思主义观点分析国际形势问题，让大家了解当前的社会现实和面临的任务，引起了广大师生的浓厚兴趣，在师生中产生了很大的影响。学生开始关心国家大事。施复亮连续两个多月给学生讲抗日民族统一战线的系列问题，使学生深受鼓舞，对抗战胜利充满了信心。

陈望道做过一次题为“怎样负起文化运动的责任”的演讲，他首先从一些语言现象中存在的封建思想意识出发，说明反封建思想的必要性，继而对现实生活中存在着宣扬封建道德的现象进行揭露和抨击。这一场言简意深的演讲具有强大的号召力，无疑是反封建战斗的号召。马哲民曾做过一个题为“怎样研究中国的经济结构”的报告，他引用《资本论》的部分章节，认为考察生产方式是研究中国经济结构和分析中国社会性质问题的起点和关键。

在进步教师的带领下，师专学子一次次感受着马克思主义的真理

⊙ 施复亮（校党委宣传部供图）

⊙ 马哲民（校党委宣传部供图）

性与科学性。从各位教师演讲时的慷慨话语中，学生对于马克思主义开始从潜移默化的被动认识逐步转化为据理力争的自觉运用，并逐渐成长为传播马克思主义的有力主体。

教育与社会斗争实践相结合

教育只有立足现实、面对时代，才能真正发挥理论的作用，自觉服务于现实。广西师专的党员教师始终以马克思主义为指导，强调理论与实践相结合，坚持马克思主义的传播与挽救民族危亡相结合。他们用实际行动增强了马克思主义的影响力和说服力。

校长杨东莼为广西师专树立了注重调查研究的学风，他支持薛暮桥、刘端生等老师带领全校学生开展广西全省范围的农村经济调查，使学生在调查中深刻认识了中国农村社会经济结构和性质。杨东莼校长卸任后，陈此生出任教务之任，也组织师生开展了各类社会调查。

在陈望道的支持和带领下，师专进步教师与学生一同创办校刊《月牙》和“普罗米修士”壁报，大力传播进步思想，还成立了广西师专剧团，用多种方式支援抗战、传播马克思主义思想。广西师专剧团在桂林先后举行了话剧演出，规模盛大。代表剧目为《怒吼吧，中国！》和《巡按》，由沈西苓导演，参与成员有杨潮、邓初民、夏征农和彭仲文。师专师生发起的进步活动，对广西沉寂的文化环境与马克思主义的进一步传播，产生了投石起波涛般的影响。

广西师专汇集的这一批进步教师，具有马克思主义理论基础或革命斗争实践经验，善于有组织、有计划地利用各种机会和条件，积极占领教学阵地，努力用马克思主义的科学理论武装青年学生的头脑。他们通过开设各种课程，将马克思主义基本原理和党的革命主张融入课堂教学过程，使学生能够逐步掌握马克思主义的基本立场、观点和方法，认识人类社会的发展规律，了解中国当时的革命形势和历史任务，树立马克思主义的世界观、人生观和价值观，为青年学生革命思想的形成、积极投身革命运动打下了坚实的基础。

这些具有马克思主义信仰的先进知识分子不仅是理论研究的学术担当，还是校外进步活动的推动者。广西师专学生通过参与农村经济调查、参加“反帝反法西斯大同盟”、参与“中国社会性质问题”的讨论等活动，在革命体验中逐渐确立起了自己的革命理想。

进步教师、党员教师潜移默化的力量使广大师专学生的思想产生了很大的转变。广西师专也远远超出了单纯的师范教育功能而成为广西马克思列宁主义早期传播的一个据点。回眸历史，作为马克思主义传播主体的党员教师群体，他们的身影与事迹犹如璀璨的星辰，启明了师专的天空。

◎徐小珍　梁钰　李延

广西师专成立反帝反法西斯大同盟

20世纪30年代，广西师专的一批共产党员教师在学生中广泛传播马克思主义和革命主张，并带领学生参与进步活动，为马克思主义的传播和革命力量的培养做出了不可磨灭的贡献。但与此同时，广西当局在师专中安插了一些特务和托派分子进行反动宣传，目的是限制革命的发展。在反对托派斗争日趋高涨、矛盾尖锐的情况下，一些进步学生从中得到了锻炼和考验，逐渐有了建立组织的要求，“反帝反法西斯大同盟”组织应运而生。

将进步学生骨干团结起来

1934年下半年，虽然在师专学生中还没有形成党组织，但不乏陶保桓、郭英布、覃注礼、路璠等具有革命意识的进步学生。他们积极组织同学阅读马克思列宁主义书籍，学习运用马克思列宁主义的观点来观察中国社会的现状。1935年春季开学不久，托派分子施云在师专学生中挑起了关于中国社会性质问题的论战。托派即托洛茨基及其追随者认为中国属于资本主义性质，而进步学生认为中国社会属于半殖民地半封建性质。进步学生的这一看法与列宁论述殖民地半殖民地国家的理论是一致的，这也是中国共产党人和马克思主义者所持的观点。这场论战，最初在朝会上进行，到1935年下半年，发展到在墙报上展开，其范围已不限于校内，而且扩展到校外，影响力颇大。

1935年秋，师专教务处主任陈此生聘请了杨潮、沈西苓、夏征农等一批知名的进步人士来广西师专任教。杨潮从英文资料中译出了好几份重要文件，分别是共产国际七大文件、共产国际执行委员会总书记季米特洛夫关于《建立全世界反对德国法西斯的统一战线》的报告、中国共产党驻共产国际代表团草拟的《为抗日救国告全体同胞书》(《八一宣言》)、中国共产党提出的建立“抗日民族统一战线”文件以及党的六大制定的十大纲领。这些文件由路伟良同学抄写后在学生中传抄、传阅，译文的手抄本还流传到柳州、南宁等地。学生不仅从党的纲领性文件中获得了斗争的强大思想武器，还逐渐认识到必须成立一个核心组织。

⊙ 杨潮(校党委宣传部供图)

1935年10月，广西师专进步学生由于多方努力仍未找到共产党组织，又因时任校长积极支持托派活动，深感有必要组建一个核心组织以领导学生活动。于是，陶保桓、路伟良等人找到杨潮，经过反复研究后，杨潮觉得应该将斗争中的进步骨干分子团结起来，建立反帝反法西斯大同盟组织。

在校内，进步学生骨干以教学班为单位，吸收盟员成立小组，由陶保桓指定各班领导人，负责领导该班盟员工作开展活动。同时，反帝反法西斯大同盟还把发展盟员的工作做到了校外，在桂林中学、桂林三中、桂林女中都发展了盟员，在名单内的盟员就有60余人。1935年下半年，广西师专第一届学生毕业离校后，曾派龙德洽担任驻校联络员。

成为党的外围秘密组织

1936年春，杨潮与盟员骨干聚集了20多人，准备在学校附近的桂柳公路西侧山坡秘密召开反帝反法西斯大同盟成立大会。杨潮偕夫人

⊙ 1935年广西师专的西林纪念亭（校党委宣传部供图）

前去参加，不料在赴会路上发现有可疑人员跟踪。虽然大会最终未能开成，但反帝反法西斯大同盟实际上已经成立了。

杨潮根据所译文件的精神，起草了反帝反法西斯大同盟纲领：

宗旨：在国际上反对帝国主义，反对法西斯，拥护苏联。在国内反对日本帝国主义侵略我国东三省，反对蒋介石的不抵抗政策。主张全国各阶层人民团结起来，共同抗战！反对蒋介石的法西斯统治，对广西当局采取推动抗日的方针。

主要任务：在广西师专内进行反对托派的斗争。

加入反帝反法西斯大同盟的程序是先进行个别谈话，申请人承诺承认并履行纲领。当然，审核人事前会对申请人在反托洛茨基派斗争中是否积极、思想是否进步等方面加以考察。自从建立“反帝反法西斯大同盟”后，广西师专学生反托洛茨基派斗争较为激烈，他们针对托派反苏、反共、反中国红军的谬论进行公开驳斥。无论是在朝会辩论中，还是出版壁报，抑或是在校刊上发表文章，师专学生都运用了马克思主义唯物史观的基本观点，分析和批判托派的错误观点，揭穿了托派的真实面目。

盟员向校刊《月牙》大量投稿，校刊开设了反托洛茨基派文章专版，还出版了抗日专号、新年特大号、反文言文专号、反法西斯专号等专版专刊。这些文章的发表，激发了校内外青年学子救国救亡的迫切之心，使抗日救国和抗日民族统一战线的思想深入人心。

1936年8月，随着日本帝国主义加紧侵略中国，“反帝反封建”的口号已不符合当时的形势。“打倒日本帝国主义”“缩短战线，对于其他帝国主义暂时保持和平的友谊关系，进一步利用国际的矛盾，取得实力的援助”成为中国共产党当时最为迫切的任务。同年9月，在中共广西地下党组织的支持下，刘敦安、陶保桓、龙德洽等人共同研究，决定将“反帝反法西斯大同盟”改为“抗日反法西斯同盟”，明确规定

“抗日反法西斯同盟”为党的外围秘密组织。经过共同研究，大家都同意改为“抗日反法西斯同盟”，因为这样对开展工作更为有利，于是麦世法、龙德洽拟定同盟组织章程。

为广西党组织的发展做出贡献

广西师专师生建立的抗日反法西斯同盟在校内、桂林乃至整个广西都得到了积极的响应，盟员在各个地区先后开展反法西斯活动，鼓舞当地人民群众投身抗日救亡的洪流，为广西地区抗日工作的进一步开展打下了良好的基础。

时任中共广西省工委书记、新中国成立后担任广西人大常委会副主任的陈岸对抗日反法西斯同盟是这样评价的：“‘抗日反法西斯同盟’对广西革命事业的贡献是很大的，首先是在传播马克思列宁主义，推动抗日救亡运动和反对托派的斗争方面，都起过积极的作用，特别是在发展壮大广西党组织和培养党员干部的工作中作出了很大的贡献。盟员60多人，现在，其中近半数已经谢世。回顾半个多世纪以来，这些盟员中的大多数都成为广西各级党组织的领导骨干（路璠、廖联原、杨烈、黄嘉、陈盛年和黄耿等都是党的高级干部），人数虽然不多，所起的作用却很大。”

抗日反法西斯同盟对于革命的作用主要表现在以下方面：

首先，抗日反法西斯同盟成立后，积极为党培养入党对象，增强党内的实力。这些成员在积极学习马克思列宁主义的同时还秘密组织印刷了《国家与革命》《两个策略》等列宁的著作，宣传中国共产党的主张和共产国际关于建立反法西斯统一战线的报告等内容，更加坚定了共产主义信仰，有组织地同持托派观点的学生开展斗争，争夺校内的学生自治会的领导权和广西省学生联合会的主要席位。

其次，在与托派争夺学生组织领导权的斗争中，抗日反法西斯同盟领导盟员发动群众、争取群众，依靠人民群众的力量，取得节节胜

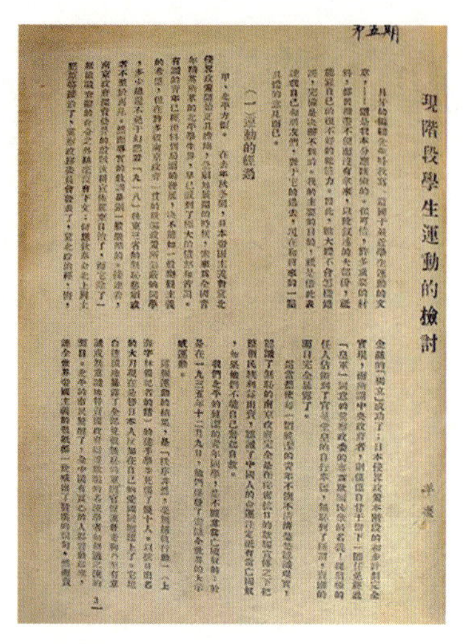
第五期

現階段學生運動的檢討

羊棗

（一）運動的經過

⊙ 杨潮以“羊枣”为笔名发表的《现阶段学生运动的检讨》，刊于《月牙》1936年2月16日第五期（校党委宣传部供图）

利。如从各班班干的选举到膳食委员会成员的选举，乃至《月牙》学生编委的选举，几乎全是进步学生和盟员当选。

最后，杨潮指导创建起来的同盟组织虽历时不长，但在其酝酿、组建、斗争过程中，培养了一批优秀的进步青年学生，参加同盟的这段经历成为他们参加革命的逻辑起点。此后，一大批盟员积极投身革命事业，继续带领师专的学生开展革命斗争，发挥了先锋模范的作用。

◎ 梁钰　李延

广西师专第一批入党的学生

进步教师在广西师专撒下革命种子，传播马克思列宁主义，给师专带来了活力和新的风气。许多学生思想上发生了巨大的转变，革命热情更加旺盛，革命意志愈加坚定。广大师专学生意识到加入中国共产党的迫切性，意识到只有在党组织的坚强领导下进行斗争，革命理想才有可能实现。

师专学子一方面组建了党的外围组织——抗日反法西斯同盟，另一方面则不断向党组织靠拢。当时，师专学生中的一批先进分子寻找党组织的愿望十分强烈。在不懈的努力下，第一届毕业生刘敦安、梁寂溪、凌焕衡成为广西师专第一批入党的三位学生。他们在师专学习期间，正是受进步教师的影响，对马克思主义产生了浓厚的兴趣，才毅然决然地加入中国共产党。

刻苦求学

刘敦安、梁寂溪和凌焕衡在学校党员教师的指引下，认真钻研马克思列宁主义，并在教师的引导下对中国革命问题进行了积极探索，逐步树立起坚定的共产主义理想信念。

刘敦安从第一次接触马克思主义时起，就笃信马克思主义是革命真理。经过在师专的学习以及参与革命实践活动，他更加坚定了自己之前的观点，在政治上逐渐走向成熟。梁寂溪在广西师专就读时，受到班主任朱克靖的青睐，朱克靖认为他好学上进、天资聪慧，于是指导、启发他将理论与实际结合起来，思考中国革命问题。

1933年，刘敦安和梁寂溪陪同老师薛暮桥深入苍梧、博白、南宁、龙州等地进行农村经济调查。调查结束后，刘敦安撰写了《博白县农村见闻杂记》，对博白农村的各阶层进行了细致的描绘。此外，刘敦安还协助薛暮桥写出了《广西农村经济调查报告》，该书通过鲜活的事例揭露了农村经济落后的现状，证明了解决土地问题是挽救农村经济的根本出路，使广大青年受到启迪，从而主动接受中国共产党的纲领和政策。

⊙ 刘敦安（校党委宣传部供图）

梁寂溪在贵县（今贵港市）做社会调查期间，撰写了一篇关于贵县商业资本的封建剥削的调查报告，发表于师专校刊。该文由于文笔犀利，资料翔实，观点新颖，一时引起不小的轰动。

正是因为就读于“红色教授”云集的广西师专，刘敦安、梁寂溪、凌焕衡才有机会在党员教师的指导下进行大量新兴社会科学课程的学习，并在这个过程中逐步接受马克思主义真理的洗礼。一方面，作为学生，他们是马克思主义传播的直接受众。另一方面，他们开始意识到自己也能够成为马克思主义的传播主体。这种转变是他们在政治上走向成熟的标志。与此同时，寻找党组织的愿望，也悄悄在他们心中发了芽。

千里辗转寻找党

广西师专师生发起的革命思潮在社会上产生了巨大的影响，在很多人看来，杨东莼把广西师专办成了马克思主义学院，这引起了广西当局的不满。1934年春，广西当局迫使杨东莼校长和朱克靖、薛暮桥等进步教师先后离职。

按照学制规定，广西师专第一届学生应该是1934年暑假毕业分配的。可广西当局认为这一届学生受杨东莼和朱克靖“赤化”太深，如果不经任何训导就让这批学生毕业参加工作，显然不能让人放心；如果仍将他们留在师专，又怕这批学生“带坏”低年级的学生；如果一直不予分配，在广西急需用人之际，又着实可惜。广西当局想转化这批学生为己所用，于是采取了各种手段对师专的第一届学生进行控制和拉拢。

刘敦安对这一切看得很清楚，他不为所动，还提醒比较接近他的同学，叫大家不要上当，并与麦世法、龙德洽等进步学生骨干商量，决定利用雷沛鸿同王公度的矛盾，争取雷沛鸿的支持。刘敦安等人提出，现在调邕训练，没有明确毕业时间，又没有正规的教育学课程，学生不能接受，要求尽快准予毕业、分配工作。这场合法斗争，得到李任仁、雷沛鸿及社会各界的同情和支持，最终取得了胜利，大部分学生由教育厅分配到全省各县中学及师范学校教书。

1935年3月，师专第一届毕业生刘敦安、梁寂溪、凌焕衡、张镇道、王贞明等人被分配到龙州区国民基础师范学校教书。下半年，刘敦安、梁寂溪和凌焕衡随龙州区国民基础师范学校并入龙州民团干校后担任教育指导员。社会的政治斗争已不同于在学校里学生之间的简单辩论，而是涉及方方面面的问题。面对这种新形势，刘敦安与梁寂溪、凌焕衡进行了认真的分析，一致认为需要共产党来领导，不能再利用桂系内部的矛盾了，更不能介入桂系内部的派系斗争。在总结实际斗争经验教训后，大家决定去寻找党组织。

但是，当时中国共产党在广西建立的党组织处于分散和隐秘的状态，一时无法联系。就在大家找不到头绪的时候，梁寂溪提供了陈勉恕这条重要的线索。陈勉恕是梁寂溪的贵县老乡，于1924—1925年任贵县中学校长期间，曾多次到梁寂溪家开会。陈勉恕于1925年加入中国共产党，四一二反革命政变后受到国民党反动派通缉，被迫潜回家乡。后来梁寂溪的父亲掩护并护送陈勉恕去了香港，并在梁寂溪姑丈

⊙ 陈勉恕（来源：中共广西壮族自治区委员会党史研究室编著《风范：新民主主义革命时期的中共广西党史人物》，2017年广西人民出版社出版）

盛光庭的诊所落脚。如果找到盛光庭，一定可以找到陈勉恕，也就能找到党组织了。

于是，1936年1月一放寒假，梁寂溪就回家向他的父亲了解陈勉恕到香港后的情况，并要到了盛光庭的诊所地址，然后到广州与刘敦安会合，一起去香港找陈勉恕。当时陈勉恕正在香港成立中共南方支部并自任书记，得知杨东莼等人在广西师专培养了一批信仰马克思主义的学生。陈勉恕在详细了解刘敦安、梁寂溪在广西师专以及龙州的革命斗争情况并进行审查和教育后，同意了两人以及他们介绍的凌焕衡入党，并让他们三人组成一个支部，首先在师专进步同学中发展党员。

陈勉恕认为，刘敦安、梁寂溪、凌焕衡三人都在龙州，不利于工作的展开，希望他们争取离开龙州，并让梁寂溪设法调到梧州工作，以便直接与他联系。就这样，广西师专学生寻找党组织的种子，首先在刘敦安、梁寂溪和凌焕衡三人身上开了花，结了果。

重建广西各地党组织

1936年春，从香港回来后，刘敦安、梁寂溪和凌焕衡三人接受陈勉恕的指示立刻建立了党小组，刘敦安任组长，梁寂溪负责宣传，凌焕衡负责组织。他们随即在龙州区国民基础师范学校发展党员，成立党支部。后来，支部研究决定让梁寂溪到梧州中学任教，由其在梧州发展党员建立当地党组织，梁寂溪于同年8月建立了中共苍梧县委。同年5月，刘敦安和凌焕衡随着各区民团干校的合并，到南宁西乡塘广西民团干校任政治教官。

自1927年大革命失败以来，中国共产党在广西的组织在桂系军阀残酷的镇压和屠杀下已所剩无几。1932年3月，中共广西特委再遭破坏，自此，中共广西党组织同党中央失去了联系。根据陈勉恕的指示，刘敦安先在广西师专进步学生中发展党员。1936年6月1日，国民党广东、广西实力派发起了反蒋的两广事变，亦称六一事变，举起了“抗日反蒋”的旗帜。刘敦安等人借此机会在民团干校组织了抗日歌咏队、话剧团并下乡演出，大力开展抗日救国的宣传，同时积极发展中共党员。当时，广西当局要成立学生军，师专第二届、第三届学生都被召集到南宁。刘敦安利用这些机会，先发展陶保桓、麦世法、龙德洽等人入党，后来又陆续发展其他校友入党，继而建立了中共广西民团干校党支部，刘敦安任书记。不久，广西民团干校建立了党总支，成为南宁共产党组织重建的重要力量。随后，刘敦安又指示陶保桓回桂林，在已并入广西大学文法学院的原广西师专的学生中发展党员，成立党支部。不到一年，桂林、柳州的党组织在陶保桓等人的努力下，也重建起来。

梧州方面，刘敦安介绍徐敬伍去指导梁寂溪，在梧州市和苍梧县建立了党组织。1936年6月，师专第三届学生曾世钦从右江来南宁寻找党组织，找到了刘敦安，向刘敦安汇报了右江一带的革命斗争情况及右江党组织的活动情况。刘敦安将了解到的情况向上级党组织做了陈述，从此，郁江和右江两个地区的党组织与上级中断了近10年的联系得到恢复，为建立全省党的领导机构创造了条件。1936年10月，受陈勉恕委派，通过南国街15号这一联络站和刘敦安的联系，李守纯与黄彰、陈岸、徐敬伍等人接上了关系，广西地下党与上级组织在失联4年后，重新恢复了联系。

1936年11月7日即苏联十月革命纪念日，中共广西省第三次代表大会在贵县三里乡罗村召开，陈岸当选为省工委书记，刘敦安当选为省工委委员兼省军团书记。直到这时，广西地下党才重建了全省统一的领导机构，并接上了中共南方临时工委的关系，得到党中央的直接领导。不久，中共南方临时工委成立中共广西省军团委员会，直属中共南方临时工委的领导，刘敦安被任命为军团委书记，负责南宁军校、民团干校和右江武装队伍的党组织工作。可见，马克思主义在广西师专的传播直接推动了广西地下党的重建与发展。

刘敦安、梁寂溪、凌焕衡正是因为在广西师专学习过程中受到了马克思主义的深刻影响，才坚定了向党组织靠拢的决心，同时，也正是在他们寻找党、恢复党组织的过程中，吸引了更多同他们一样具有坚定革命信仰的师专学生与他们站在一起。

从刘敦安、梁寂溪、凌焕衡这三名首批入党的师专学生身上，我们可以看出经过广西师专这个红色堡垒培养出来的马克思主义信仰者，他们积极投身革命事业，不计得失，不顾生死，始终把革命作为毕生事业。当时的广西师专，可以说是一把革命的火炬，照亮了许多人前进的道路。他们的事迹将铭刻在每一个师大人的记忆里，激励着我们砥砺前行。

1932
—
2022

◎黄峤巧

广西高校首个党支部的建立

1936年前后，广西的革命斗争形势极其严峻，中共广西地下党处于极其隐秘的状态，党组织之间交流甚少，甚至出现失联状况。广西师专的进步学生在广西党组织建设处于迟缓甚至停滞的状态下，冒着被敌人逮捕的危险奔走各方，联络党员，寻找党组织。在历经千辛万苦找到党组织后，他们建立了广西高校第一个党组织——中共广西师专党支部。此后，他们积极联系、恢复和重建广西各地的党组织，尽可能地发展更多的党员。广西师专党支部的学生骨干是广西党组织恢复与建设的重要人物，他们积极推动广西各地党支部的建设与恢复，及时传达上级党组织的工作通知，以维护党组织在广西的日常活动及党员的发展工作，并通过理论宣传、戏剧演出、创办报刊等方式宣传马克思主义以及抗日爱国思想。

建立党组织是坚持革命与斗争的需要

1925年10月下旬，中共广东区委批准成立中共梧州支部干事会，代号为“伍竹枝”。广西第一个支部——中共梧州支部的成立，表明广西地区党的建设开始走上组织化道路。此后，广西的工农运动成效显著，党员和党支部数量得以快速增加。同时，广西成为党的事业的重要组成部分，党开始领导广西人民开展革命斗争，中国共产党的事业在广西得到全面展开。

中国共产党广西组织在20世纪30年代前后曾多次遭受严重破坏，1933年3月，广西革命事业遭遇重大挫折，党组织建设也遭到严重破坏，地下党工作难以开展。广西师专建立之初，时任校长的杨东莼先生作为一名早期共产党员，一直希望把师专的学生培养成为一批具有马克思主义信仰的进步青年，进而成为广西革命事业的建设者。但考虑到广西当时的局势，以及当局对师专的人才培养定位，杨东莼决定不在广西师专建立党支部。另外，他聘请了朱克靖、薛暮桥等一批优秀的共产党员和著名学者先后到校主持校务和任教，通过他们在师专开设社会学、伦理学、政治经济学等方面的课程来传播马克思列宁主义，让学生对中国的社会性质问题进行自由研究和分析，引导进步学生走上革命道路，广西师专也因此被称为“小莫斯科”。

在广西师专共产党员教师和进步学者的带领下，一批青年学生深入学习和研究马克思列宁主义，思考当时中国的社会性质问题，积极寻找中国的革命道路。这批学生以刘敦安、梁寂溪、凌焕衡、麦世法、陶保桓、曾世钦、李殷丹、路璠等人为主要代表，他们奔走在建设和恢复广西各级党组织的第一线，并为广西的革命和抗战事业做出了重要贡献。有的为了党的革命事业壮烈牺牲，有的在新中国成立后成长为推动广西发展的重要骨干。广西师专培养的这批富有斗争精神的骨干代表，为党组织建立做好了组织上和队伍上的准备。在当时无法与党组织取得联系的情况下，这些进步学生为了更好地开展马克思主义

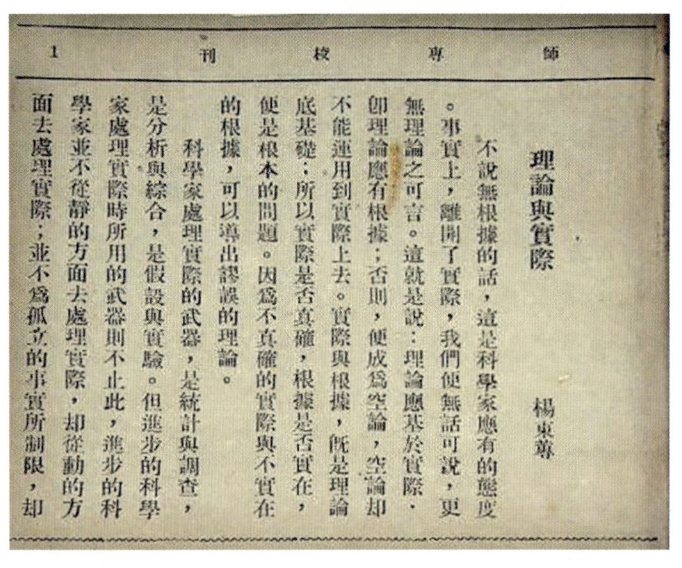

師專校刊　1

理論與實際

楊東蒓

不說無根據的話，這是科學家應有的態度。事實上，離開了實際，我們便無話可說，更無理論之可言。這就是說：理論應基於實際，即理論應有根據；否則，便成為空論，空論却不能運用到實際上去。實際與根據，既是理論底基礎；所以實際是否真確，根據是否實在，便是根本的問題。因為不真確的實際與不實在的根據，可以導出謬誤的理論。

科學家處理實際的武器，是統計與調查，是分析與綜合，是假設與實驗。但進步的科學家處理實際時所用的武器則不止此，進步的科學家並不從靜的方面去處理實際，却從動的方面去處理實際；並不為孤立的事實所制限，却

⊙ 杨东莼著的《理论与实际》，刊于1933年《师专校刊》第二卷第二三期（校党委宣传部供图）

的学习和宣传工作，带领群众开展民主运动和革命斗争，做出了寻找、联系党组织并建立、恢复党支部的重大决定，为广西高校开展党的工作提供了现实性的帮助，也为广西的革命事业增添了师专的一份力量。

扬起广西高校的第一面红旗

在党组织和广西革命事业陷入低谷时，广西师专的学生凭着坚定的革命信念，产生了寻找和联系党组织的强烈愿望，并为此付诸实际行动。当时，蒋介石奉行“攘外必先安内”的政策，大肆逮捕了中国共产党党员。可想而知，这些学生在寻找党组织的路上必然困难重重。1935年9月，师专学生黎霞煊等三人试图通过长征中失散的小红军寻找党组织，他们曾到过湖南和江西，不料途中被抓，而后入狱，此次寻找党组织的行动也宣告失败。但是，广西师专的进步学生没有因此而放弃联系党组织，他们依旧努力学习和宣传马克思列宁主义，开展

民主和抗日宣传运动，为早日找到党组织、更好地开展革命工作做了充分的准备。

广西师专的第一批优秀学生代表刘敦安、梁寂溪、凌焕衡等人因在学校内宣传进步的思想和开展各种民主活动而被广西当局刻意为难，迟迟未被分配工作，最后经人介绍至龙州区国民基础师范学校教书。他们在龙州也没有放弃革命和斗争，始终怀着坚定的理想信念。革命斗争的形势越是艰苦，他们就越想尽快找到党组织，不做无家可归的“单打独斗”者。他们想到了在香港活动的共产党员陈勉恕。陈勉恕是大革命时期最早在南宁开展革命工作的党员，大革命失败后有幸逃脱国民党的缉捕，转移到香港开展革命工作，并同一些党员建立了中共南方支部并任书记。为此，他们通过梁寂溪的家人打听到陈勉恕的住址，然后秘密经梧州、广州至香港寻找陈勉恕。1936年1月，刘敦安、梁寂溪两人几经辗转，终于在香港联系上了陈勉恕。陈勉恕和杨东莼是老交情，他知道杨东莼在广西师专培养了一批具有马克思主义信仰的进步学生，经过审查后，在陈勉恕的介绍下，刘敦安、梁寂溪、凌焕衡三人加入中国共产党，他们成为广西师专第一批入党的进步学生代表。此后，刘敦安等人回到龙州继续工作，并在龙州建立党支部，在中共南方支部的领导下开展革命工作。在联系上党组织后，他们的革命工作开始得到了上级党组织的指导。在上级党组织的指示和革命形势需要的基础上，刘敦安、梁寂溪、凌焕衡积极联系广西师专的同学，支持和鼓励他们加入中国共产党，越来越多广西师专的进步青年学生加入党组织，逐渐地壮大了广西师专的革命斗争队伍。

1936年，由于革命工作的需要，刘敦安、梁寂溪、凌焕衡入党后就分赴南宁、梧州等地开展革命工作，并在此过程中介绍师专学生陶保桓、曾世钦、毛恣观等人加入中国共产党。同年10月，广西省会迁至桂林，中共郁江特委决定在桂林建立党支部，指定陶保桓等人研究桂林问题。于是，陶保桓、曾世钦等人建立了中共桂林特别支部，由陶保桓任书记。陶保桓、曾世钦在师专建立了党支部，发展路璠、李殷丹等人入党，并由曾世钦任支部书记，路璠任组织委员，李殷丹任宣传委员。自此，中共广西师专党支部正式成立（后因广西师专并入广西大学文法学院，师专党支部改名为中共广西大学文法学院支部），并积极开展革命斗争工作，广西高校的第一面党旗高高扬起。

党支部成立后，陶保桓陆续发展一批进步学生入党，加上广西大学附属高中的党员，支部共有党员30余人。支部的队伍日渐发展壮大，成为广西党组织坚实的革命力量，他们分别在各自的学校宣传马克思列宁主义，使得文法学院党支部成为桂林党组织中最具有战斗力的青年力量。刘敦安不断介绍优秀师专党员学生在广西各地恢复和建立党支部，他们与右江、梧州、桂林等地的党组织逐渐取得联系或使其得到重建、恢复、发展。同年11月，全省党代表大会召开，成立了以陈岸为书记的广西省工委，刘敦安当选为省工委委员，此后，广西的党组织建设逐渐得到恢复，党领导下的广西革命事业得以蓬勃发展。

旗帜鲜明地投身革命洪流

师专党支部的党员积极投身广西的革命事业，在上级党组织的领导下开展革命活动，其中以刘敦安、梁寂溪、凌焕衡、麦世法、陶保桓、曾世钦等骨干党员表现尤为突出。此外，支部的其他党员也在各自的工作领域中开展革命事业，参与民主运动、抗日运动和宣传活动。他们以师专党支部为革命阵地，在高校学生和市民中宣传马克思列宁主义，宣传民主和进步思想，争取更多的进步学生和进步人士加入革命的队伍。

“党”“盟”合作是广西师专革命活动的特色。师专党支部一经建立，就同抗日反法西斯同盟在革命斗争方面的合作更加紧密了。当时师专党支部的骨干人物刘敦安、陶保桓、曾世钦等人同时是抗日反法西斯同盟的盟员，这为“党”“盟”的进一步合作和发展奠定了坚实的组织基础。中共广西师专党支部通过同盟引导学生同托派进行斗争，开展抗日救亡宣传活动，针对托派关于抗日民族统一战线的谬论进行反驳，宣传正确的主张。在全国抗日救亡运动高潮之际，党的抗日民族统一战线深入人心，但托派认为中国共产党此举是在放弃无产阶级的领导权。对于这样的错误思想和言论，进步学生在师专党支部的领导下运用马克思主义原理并结合革命实际对托洛茨基派的错误言论进行驳斥，同托洛茨基派进行坚决斗争，使抗日民族统一战线在广西得到发展壮大。

领导举办广西全省学生抗日救国联合会第二届代表大会。这是中共广西师专党支部在斗争中取得的重大胜利，也是师专党支部进步学生党员进行重大斗争的一个重要举措。师专党支部支持抗日救亡运动，发动师专的力量同桂系托洛茨基派进行斗争较量。在斗争中，师专党支部争取到了广西全省学生抗日救国联合会第二届代表大会工作的主导权，并在干事会正式干事、候补干事的选举中取得优势。大会通过各种抗日救亡议案，表明了其抗日救亡的立场。在大会斗争中取得的重大胜利，极大地鼓舞了师专进步学生传播马克思主义和抗日救亡的热情。为此，师专党支部领导学生自治会以及广西大学文法学院组建各种团队，在校内校外通过各种方式在群众中传播马克思列宁主义及宣传抗日救亡的口号。在师专党支部的努力下，广西各地的抗日活动逐渐蓬勃发展。

⊙ 广西师专操场（校党委宣传部供图）

在师专进步学生的支持下，马克思主义传播及各种革命活动有了坚强的组织后盾和核心领导力量，进步学生也在此过程中开展了理论学习、宣传主张、学术研讨等各种活动，马克思主义得到进一步传播和研究，革命活动也有了正确的理论作为指导。在师专党支部的领导下，师专的进步力量有序地在桂林以及广西各地开展革命斗争和抗日救亡运动。从师专党支部中走出来的进步学生，在后来的革命斗争中恢复与重建了广西的党组织。他们除了自觉传播马克思主义之外，还号召团结人民群众抵御敌人的入侵，极大地推动了桂林及广西的革命事业进入新的发展阶段。

◎黄峤巧

坚持斗争的桂林师院党员学生群体

1945年11月，中共桂林师院特别支部建立，团结和教育了一大批进步青年。学生党员群体活跃在民主运动中，使得桂林师院因此获得“西南民主堡垒”的称号。同时，桂林师院培养出的一大批追求民主进步的革命青年，有力地推动了桂林、南宁两地党组织的建设以及广西革命运动的发展。

努力学习走向革命

桂林师院在建校之初即成为中共地下党力争的据点，并就此开始了中共地下党的革命活动。1941年11月，遵照中共广西省工委书记钱兴的指示，当时在汉民中学工作的李锋、吕孟光以及在女中读书的覃舜恩等地下党员考取了广西师专。1942年春节后，广西师专的学生党员覃舜恩、李锋、吕孟光、黄克荣、王汝源等人同师专的进步学生成立了读书会，读书会主要是在中共广西省工委的指导下阅读马克思列宁主义经典书目，学习和研讨革命问题，开展革命活动，学习马克思列宁主义理论以及共产主义的进步思想。在党员学生的积极引导下，许多进步学生慕名加入读书会，由于人数众多，读书会被分为3个小组进行日常学习与活动，他们除了组织读书会开展活动，还在桂林师院积极联络和吸收进步学生。同年，国民党号召青年学生参加三民主义青年团南岳夏令营集训，在读书会的进步学生的积极劝阻之下，最终报名参加的学生寥寥无几，国民党当局因而对读书会颇为不满。

1946年桂林师院从贵州平越迁回桂林后，桂林师院的中共地下党与民盟互相支持、风雨同舟，党员师生积极借助学生自治会、教授会等合法组织领导民主运动。桂林师院的部分党员师生成为民盟的骨干，积极组织开展民主运动。在中共地下党与民盟精诚合作的良好氛围下，植恒钦和黄启成、陈炯高、潘澄熙等同学组成一个时局研究小组，把中共地下组织发来的电讯、文件传播到同学中，还经常与叶生发、杨荣国等盟员教师沟通交流，使民盟与中共在工作上保持一致。

桂林师院的学生党员在中共地下党的直接领导下，在桂林师院内开展各项民主斗争活动，争取民主权利，积极对时局发声，向当局施压，在群众间传播正确的革命理论，协助完成党组织的任务，使得党

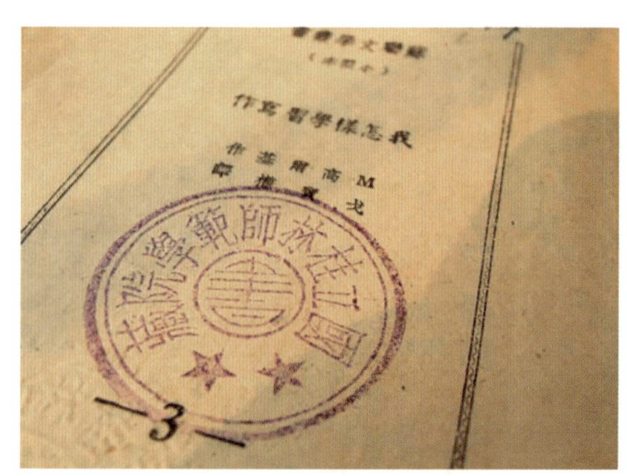

⊙ 桂林师院图书馆藏书印章（谢婷婷摄）

⊙ 植恒钦（校党委宣传部供图）

组织和革命事业在当地得到积极发展。

敢于斗争呼唤民主

桂林师院诞生于战火纷飞的时代，师院的进步党员学生不惧反动当局制造的压力，时刻鲜明地站稳立场，用正确的理论武装自己的头脑，为实现自身诉求和革命理想积极向社会发声，以争取人民群众更多的理解和支持。

1945年8月，日本投降后，人民呼唤稳定、和平的国内环境，全国“反饥饿、反内战、反迫害”斗争此起彼伏。桂林师院的学生也积极响应各大高校的号召，与广西大学的学生一同推动桂林民主运动的蓬勃发展。1946年2月，教育部做出将桂林师院迁往南宁并更名为南宁师院的决定，以遏制桂林师院及桂林地区民主进步力量的进一步发展。在迁校后的反更名斗争中，教育部提出南宁师院的公教人员待遇比桂林的广西大学低两级（桂林为第三区，南宁为第五区），同时公费学生的伙食费也跟着下降。不公平的待遇引起了学生的不满，他们集中于院门并阻止更换新的校牌，同时在“民主墙”上贴满醒目的标语、海报，例如，“反对更改院名！”“反对不合理待遇！”“维护桂林师院民主斗争的光荣历史！”等。师生们的抗议方式还包括向教育部及国民党当局发出函电进行交涉、罢课、集会、出墙报、发放传单等形式，在未得到国民党当局回应的情况下，桂林师院的学生骨干宣布，全体学生举行无定期罢课，并举行记者招待会向社会再次发出郑重宣言，表明将斗争进行到底的决心。

1946年，国统区各地掀起“争取和平民主，反对内战独裁”的群众运动，桂林师院的进步学生在党员学生的带领下，组成近30个壁报团体出版壁报，壁报内容丰富多彩，吸引了广大群众前来学习观看，极大地宣传了爱国民主思想。同时，进步学生创造性地把民主运动与学业学习结合起来，提出“罢课不忘学习”的口号，组织全体学生开展各种形式的学习活动，各系学会（各系师生组建的以专业研究为主旨的学习团体）聘请教授做学术报告，举行学术座谈会，以地下党员、民盟盟员和进步学生为核心的20多个社团也积极出版壁报，开展读书会、学术讨论会、时事座谈会等活动。

进步学生的革命斗争范围不限于校内，同样，中共地下党在桂林师院的革命斗争也不仅仅局限于校内，他们还与外部的革命斗争相联系，对地方的地下党组织和游击队予以直接支援。1948年9月，中共南宁特支负责人苏仁山安排党员苏阳（黄祥珠）考入南宁师院，并与同学曾平（曾复武）和覃光恒创建了工作小组，由苏阳负责。1949年1月，工作小组建立新民主主义青年团并培养发展对象，先后在师院发展了6名青年团员。为了方便联系，南宁特支在师院专门设立两个联络点，一是覃光恒与十万大山游击区的联络点，二是位于中山路的杭顺肖家同南宁有关同志的联络点。学生会主席曾平收到了从香港、重庆和其他地方寄来的进步刊物，就在师院师生之间传阅，同时还分送一批给十万大山游击区和其他游击区。此外，南宁师院的党员学生在组织的帮助下积极开展民主运动，向十万大山游击区送去进步书籍、笔墨纸张、油印机等物资，向桂西北游击队送去急需物资，参与城市秘密工

⊙ 1947年2月，桂林师院全部搬迁至南宁。同年5月，改名为南宁师院。校址为原广西省政府旧址，位于南宁邕江河堤路凌铁村（校党委宣传部供图）

作，输送干部到桂西支援山区革命建设等。

桂林师院（南宁师院）的党员学生群体由进步学生组成，他们在中共地下党的领导下、民盟等民主团体的支持下积极开展民主运动，并完成党组织交给的任务，在校内、校外直接或间接地参与民主斗争。在复杂的时局下，他们坚持开展各种形式的革命斗争，发扬了不屈不挠、不怕牺牲的革命精神，为桂林乃至广西民主运动的蓬勃开展打下了坚实基础。

勇于发声立场坚定

在当时的社会状态下，不民主、不公平的社会事件时有发生。桂林师院的党员学生不畏强权、正直果敢，在动乱时局下、大是大非面前勇敢发声，表明民主进步的立场，坚决捍卫公平正义，得到党组织、进步人士和广大人民群众的大力支持。

1945年5月4日，国立浙江大学、国立西南联合大学学生针对时局发出了民主宣言。这时桂林师院已经因为桂林沦陷而迁至贵州平越，师院全体进步学生积极响应国立浙江大学和国立西南联合大学学生的民主宣言，发表了题为《我们要民主胜利和平》的宣言，呼吁国民党政府停止迫害和内战，尽快建立民主的联合政府。同年12月，国民党特务在昆明枪杀进步师生4人，制造了一二一惨案。此消息传到贵州后，桂林师院等10所大中学校师生举行集会、座谈会，出版壁报，演出进步话剧，积极声援昆明师生的斗争，以表明坚定的民主立场。

1946年12月，从北平传出美国士兵强奸女大学生沈崇的消息，全国各地尤为震惊，纷纷高喊“严惩美兵卑鄙行为”“美军滚出中国去”等口号，反对美军行径。桂林师院的进步学生发表宣言，抗议美军暴行，反对美蒋签订《中美友好通商航海条约》，联合广西大学等高校学生发表《桂林市大中学生告广西省同学书》，并在市区组织游行示威，积极号召全市进步学生共同参与。同师院关系较为密切的逸仙中学很快给予响应，他们用白布做成横幅写上“美国军队滚出中国去！”等标语，悬挂在十字街头，十分引人注目。他们一面派发反美国立场的小传单，号召全市学生参与游行示威，一面在市区慷慨陈词，发表演说，号召人民群众站稳正义立场。桂林师院的党员学生勇于做乱世中的时代弄潮儿、民主的发声者和倡导者，他们不屈于强权的决心和坚定走向民主的态度得以充分彰显。

在党组织的领导下，在进步、民主学风的熏陶下，在优秀教师的带领与支持下，桂林师院的党员学生始终追求卓越，充分吸收进步青年加入革命队伍，积极开展爱国民主运动，传播革命文化及革命理想，创作新文学，宣传新文化，使爱国、民主、创新的思想和文化得到迅速发展和传播，为桂林及广西的党组织和革命事业培养了坚实的进步力量，使桂林乃至广西的革命斗争事业得到蓬勃发展。

◎ 黄峤巧

桂林师院党员教师着力培养进步青年

20世纪40年代初，桂林成为抗日的大后方，社会名流、知名学者、进步人士云集，桂林师院利用这一有利条件，兼收并蓄，多方延聘思想进步、学识渊博的专家和学者到校任教或讲学。在桂林师院的名人学者当中，不少人有着独特的身份，他们或是中共党员，或是中国民主同盟的成员。教师队伍中的中共党员有陈翰笙、谭丕模、穆木天、彭慧、杨荣国、汪泽楷、王西彦、张毕来、张锡昌等。桂林师院的名师们在授课的过程中运用马克思主义的立场、观点和方法启发学生，在战乱和迁校过程中注重学术研究和教育，积极参与和支持学生开展各项民主运动，自由、民主、进步的思想在桂林师院蔚然成风。桂林师院成了抗战时期享有盛誉的桂林文化城的重要组成部分，是抗战时期尤其是抗战胜利后西南地区新文化运动、新文学运动和民主运动最活跃的院校之一。桂林师院的党员教师带领着众多名人学者与进步学生一起，在桂林地区掀起了阵阵民主进步热潮，对马克思主义、抗战文化和进步思想的传播发挥着重要作用。

具有坚定的马克思主义信仰

桂林师院的党员教师以马克思主义为信仰，认真钻研马克思列宁主义，以唯物辩证法和历史唯物主义全面阐述马克思主义的立场、观点和方法，使桂林师院掀起一阵又一阵学习马克思列宁主义的热潮。同时，在日常生活中，党员教师以创办读书会、举办学术讲座等多种方式引导学生运用马克思主义基本原理分析社会状况和问题，认清革命的现状和前途，支持和鼓励学生树立马克思主义信仰，投身革命事业。

张毕来在师院任教时曾说："做学问和搞政治是统一的。"他运用辩证唯物论和历史唯物论的观点向广大学生讲授"外国文学"这门课程，并把马克思主义科学原理与中国具体实践结合起来，阐明旧中国的社会状况、历史背景、革命对象等问题，明确中国革命道路的方向，并号召桂林师院的学生聚集到马克思主义旗帜下，引导有志青年投身革命。

陈翰笙是一位进步学者，是中国早期马克思主义农村经济学家、社会学家、历史学家、社会活动家，他在桂林师院做过"国际反法西

⊙ 陈翰笙（校党委宣传部供图）

斯形势”的专题报告，以马克思主义的观点，给学生分析国际和国内斗争形势，讲述了唤起世界人民和中国人民觉醒的苏联卫国战争，分析了太平洋战争爆发后的国际形势。他指出，中国人民多年抗战以来的流血和牺牲，赢得了世界反法西斯人民的支持和鼓励。中国战场作为世界反法西斯的重要战场，目前正处于关键的转折时期，必须坚持进步、团结，形成统一战线，才能争取抗日战争和世界反法西斯战争的胜利。

李大钊在《新青年》发表的《庶民的胜利》和《我的马克思主义观》等文章，阐明了马克思主义关于人类解放的学说。这些文章为谭丕模研读马列著作提供了理论的支撑，引导他走上反帝反封建的革命道路。谭丕模曾担任《晨报》的编辑，团结进步作家开展抗日救国的宣传活动，积极参加学生运动。在抗日战争爆发后，谭丕模来到桂林师院教书，他鼓励学生研究马克思主义，引导学生创作具有马克思主义立场的，反映民主、科学、自由的文学作品。他在1946年5月4日创刊的《学生生活》上发表文章《“五四”话青年》，文章针对师院三青团把“三二九”黄花岗烈士殉难纪念日定为青年节一事进行批驳，指出“五四”才是青年的节日。他的文章支持了进步学生，同时打击了反动势力，阐明了“要有政治民主才有学术、研究、言论自由”的道理，指出民主和科学的阻力是帝国主义与封建势力。文章还反对蒋介石投靠美帝、实行封建法西斯统治的行径，提出要继续反帝反封建的任务，进一步宣传和传播新文化、新思想。

桂林师院的党员教师自身具有坚定的马克思主义信仰。在任教期间，他们进一步研究马克思主义，将马克思主义与各个学科相结合，让师院的学生都能学习和领悟马克思主义，逐步培养了学生对马克思主义的信仰，号召、团结更多的进步学生投身党的革命事业，为组织培养了一批又一批进步的马克思主义青年，为马克思主义在桂林和广西地区的深入传播提供了有利条件。

治学严谨的优良作风

桂林师院坚持学术自由和民主办学，拥有高水准的教学质量和学术水平，这离不开桂林师院教师严谨的治学态度和优良的育人作风。在战火纷飞的革命年代，无论条件如何艰苦，生活如何困难，敌人如何强大，桂林师院的进步教师群体始终致力于学风建设和学术发展，坚持文学创作，注重学术研究，重视宣传和传播马克思主义科学理论，这对培养青年骨干和进步人才起到了十分关键的作用。

桂林师院教师不惧动荡时局，坚持以文学为“投枪”“匕首”，以优质的文学作品唤醒青年学子，与反动势力展开斗争。彭慧在桂林师院任教的过程中，坚持创作，结合时局和形势，先后发表了小说《巧凤家妈》《四姑娘的喜事》等短篇小说，关注妇女在动荡社会中的生存状态。此外，她还同穆木天一同进行翻译工作，先后翻译了托尔斯泰的小说《哥萨克》、契诃夫的小说《芦笛》《想睡觉》等一系列苏俄文学作品。

桂林师院教师坚持严谨教学，对学术研究的追求孜孜不倦，取得丰硕的成果。林砺儒在学校西迁贵州的路上仍坚持著书教学，继续给学生开设“教育哲学”课程，初步运用马列主义观点写成了《教育哲学》一书；杨荣国编著了《中国十七世纪思想史》《西洋现代史读本》《孔墨的思想》等书；谭丕模在课堂上继续讲授“中国文学史”课程，先后八易其稿写就《中国文学史纲》，这部著作被评价为“用科学唯物论的方法和观点从事中国文学史写作的第一部”。

在进步教师的引导下，桂林师院的学生努力学习、认真研究，培养了刻苦钻研的精神。为了进一步拓宽学生的知识面，学校还专门邀请专家学者来院做报告，如邀请梁漱溟做《印度哲学——佛学》的报告，邀请金仲华讲国际形势，邀请熊佛西做戏剧评论报告，邀请田汉做戏剧改革的报告等。此外，教师也会结合时局为学生做学术报告，这些学术报告进一步体现了师院严谨治学的优良学风。

⊙ 彭慧（校档案馆供图）

传播真理的课堂

桂林师院的教师为丰富学生的知识储备，给学生开设了教育学、心理学、社会学、政治经济学、哲学、伦理学等课程，让学生进行深入学习和研究。多维的课程设置和名人学者独特的学术研究视角启发了学生独立思考、自由研究，使师院的学生具备良好的学习态度和较高的学术研究水平，更重要的是启发了他们自觉追求民主进步。

彭慧的上课风格深受学生喜爱，她温柔典雅的文人风范在学生心中留下深刻印象。在课堂上她态度和蔼，语言生动流利，常常以活跃在桂林的名人作品为例，与学生共同探讨作品中蕴含的寻求民族解放、追求自由民主、号召人民大众团结抗日等深刻内涵，鼓励学生深入群众生活，熟悉大众化的语言特点、生活方式和情感表达，从群众中获得创作灵感，在文学研究、民主进步等方面给予学生很大启发。彭慧非常关心学生的学习和生活，经常与学生深入交流，从国家兴亡到市井生活，从世界形势到革命前途无所不言。

陈竺同在桂林师院主讲课程是“亚洲诸国史”，他以世界的眼光为学生讲解各国古代史的概况与大事件，并梳理中国历史发展脉络、重要人物、重要事件。他对“文化与劳动”的关系有着独特的见解，在一次演说中他表示，文化也是人类历史发展的工具之一，而人类劳动的目的是推动社会文化的发展，这一观点极具进步色彩，对学生有着很大的鼓舞作用。作为桂林师院史地系的“元老”和首任系主任，他在工作中对师生投入毕生的心血与热情，他总是希望学生能在浩瀚的知识海洋中，尽可能地学到更多的知识，为了让学生维持基本生活，不失学，宁愿自己挨饿，也要把粮食和钱财分给学生；在师院的师生遭遇非议和困难时，他也一定会挺身而出，为师生进行正义发言和解释。

汪泽楷（曾用名杜华、汪士楷等）在师院主讲课程是“世界通史”“西洋近代史”等，他讲课观点鲜明、条理清晰，对课程内容信手拈来，语言生动活泼、妙趣横生。他注重将历史和现实贯通起来，引导学生从故事中去感知、了解历史，注重培养学生独到的历史眼光和思维。学生都非常尊敬他，对他的课程印象深刻，从他的课堂收获颇丰。在课余时间，他始终将学生放在心中，在重大事件面前时刻保护学生的生命与安全。

⊙ 陈竺同（校党委宣传部供图）

⊙ 汪泽楷（校党委宣传部供图）

桂林师院的党员教师在授课时，以课程内容为重点，让学生掌握更多的学科知识，并以马克思主义原理和基本观点作为切入视角，结合世界和中国的时局与现实，给不同的学科带来新的研究视角和思考方式。在教学中注重对学生进行思维的引导和真理的启迪，希望能够为学生启迪明智。在他们的引导下，桂林师院逐渐形成了民主自由、追求进步、治学严谨的独特校风，涌现出一批又一批的进步青年。

指导开展民主运动

民主和进步是桂林师院教师的一贯追求，他们积极投身革命的战火之中，并以多方式、多途径组织和发动学生参加民主运动。在桂林师院学生发动的直接或间接的民主运动中，教师由于身份不能暴露而无法直接参与，但会秘密地对学生进行指导和给予支持。他们作为中共党员，在追求自身进步的同时，鼓励和支持学生参与和开展民主运动，不断地引导学生走上民主进步的道路，成为革命民主运动的领航人，为师院、桂林乃至广西的革命斗争贡献了力量。

1941年，陈翰笙从香港来到桂林，担任桂林师院英语系主任，主持了“工业合作国际委员会”工作，协助张锡昌创办《中国工业》月刊，并团结进步人士开展抗日救国活动。

1946年，桂林师院被教育部勒令迁往南宁，并改名为南宁师院。桂林师院进步师生不愿意向反动势力妥协，不容许否定师院的光辉历史，掀起了轰轰烈烈的反迁校运动及护院运动。汪泽楷以高昂的革命斗志参加了民主斗争，他在“反饥饿、反内战、反迫害”运动中成功地劝阻了学生上街游行，避免了一次流血事件，保障了学生的生命安全。

1947年，桂林师院的教师发起护院运动，陈竺同作为教授理事会成员也发起“护院暨挽留曾校长”的号召，营救出被捕师生杨荣国、张毕来和高言弘。陈竺同一直是民主进步运动的支持者和践行者。

1946年初，陈竺同与谭丕模、徐寅初等人与《广西日报（桂林版）》和《桂林工商报》接洽联络，得到两家报纸的支持后，组织师院的师生在这些民主刊物进行组稿和编辑工作。他参加《桂林工商报》的评委会，同时在《广西日报（桂林版）》和《桂林工商报》发表文章，积极传播民主进步思想。

作为坚定的马克思主义者，桂林师院的党员教师一直注重教育，追求民主、自由和进步，同时关心、关注和关爱学生，通过学术研究、课堂教学、创办民主报刊、开展学术讲座、参与民主活动等各种方式，引导学生参与民主运动。桂林师院教师党员在培养人才、协助广西中共地下党组织重建和革命斗争事业中发挥了积极的作用。

◎ 刘于清　李延

组建中共桂林师院特别支部

20世纪40年代的桂林师院因具有进步师生众多、革命氛围浓厚等特点，很快便成为中共地下党与各界爱国人士的有利阵地。通过中共地方党组织的带领，爱国进步师生成功建立了中共桂林师院特别支部，并开展多次富有影响力的民主活动，极大地推动了革命运动的发展。

进步师生追求真理

桂林师院在建校之初即成为中共地下党力争的据点。桂林师院首届学生招生前，中共广西省工委书记钱兴就安排了一批中共地下党员报考。当时在汉民中学工作的李锋、吕孟光，在桂林女中读书的覃舜恩等党员考上后，在钱兴的指示下组织读书会，联系进步学生，发展了桂林师院第一批革命力量。这一批民主进步的学生党员通过在校期间的积极活动传播了马克思主义，革命的星星火种在桂林师院撒播开来。在浓厚的革命氛围中，进步师生努力学习科学理论，积极思考救国救民的道路，高举爱国主义和共产主义的大旗，追求共产主义理想，矢志不渝地坚守着为党奋斗终生的信念。因为有广大的进步学生群体，加之有进步教师党员的带领，所以给建立中共桂林师院特别支部创造了十分有利的条件。

曾作忠院长、林砺儒教务主任都是思想进步、作风民主的教育家。他们请来了红学家吴世昌、地质学家吴燕生、文学家穆木天、物理学家谢厚藩等一批进步学者到桂林师院担任教师。桂林师院建校初期有五个系，其中英语系主任陈翰笙、教育系主任林仲达和史地系主任陈竺同皆是中共党员。这些进步学者向学生传播民主思想，使得桂林师院的民主运动持续不断。

1935年加入中国共产党的陈翰笙为师生们做了关于国际反法西斯形势的报告。他在报告中讲述了苏德战争和太平洋战争爆发后国际形势的变化，世界各国人民的进一步觉醒，促进了世界反法西斯阵线的迅速形成，而正处于抗战重要转折时期的中国，只有坚持进步、坚持团结、坚持抗战，才能争取抗日战争和反法西斯斗争的最后胜利。教育系主任林仲达对教育与中国革命的关系有深入研究，曾在《中华教育界》《教育杂志》《新中华》等学术刊物发表文章。他在《艺术教育与革命》一文中精辟地论述了教育和革命的关系，他指出："教育是造人的艺术，艺术是革命的教育。所谓革命的教育，它不仅教人能充分发挥创造的冲动，发明工具，运用高度的技术，去征服自然而又欣赏自然；它还要教人怎样认识人生，批判人生，乃至改造人生。"

桂林师院有一批进步的教授，有民主自由的学风，有中共党组织的各种活动，因而爱国民主运动开展得很好，受到群众的广泛赞誉。桂林师院教师如陈翰笙、汪泽楷、谭丕模、张毕来、杨荣国、曹伯韩等都是中共党员，在任教期间发挥了重要作用。他们有的为师生做国际反法西斯形势的报告，有的私下提醒被国民党当局列入黑名单的学生，有的在关键时刻给予学生运动直接指导。1942年，在桂林师院覃舜恩、李锋、吕孟光等学生党员的组织下，进步学生成立了读书会，分成三个小组开展活动，主要学习《资本论》《共产党宣言》等经典著作，秘密传阅中共地下党组织发来的文件和进步报刊，引领学生筑牢理论根基，坚定理想信念。

组建支部领导民主活动

在党组织的推动和进步教师、进步学生的支持下，在整个学校进步风潮的浸润下，1945年11月，中共桂林师院特别支部成立，桂林师院学生卢蒙坚任支部书记，覃宗义任副书记。

中共桂林师院特别支部组建后，领导进步师生开展了多次有影响力的民主活动，支持了党中央在国统区的战略部署。

1946年春，国统区各地掀起“争取和平民主，反对内战独裁”的群众运动，桂林师院学生组成近30个壁报团体出版壁报。当时各社团多以中共党员、民盟盟员和进步学生为骨干。学院迁到南宁后，各社团吸收了一批新社员，改选了负责人。壁报联合会也进行了换届选举，壁报联合会主席陈炯高即将毕业离校，改由李德韩接任壁报联合会主席。各学生社团编辑出版的壁报在“民主走廊”上如雨后春笋般涌现，有学生自治会、各系学会、女同学联谊会主办的，更多的则是学生自由组合的社团所编辑的，属于群众性舆论阵地。这些壁报的内容有揭露旧社会黑暗的，有反映人民疾苦的，有歌颂民主自由的，有开展学术评论的，有追求人生理想向往光明的，而更多的则是配合学生运动开展舆论宣传。这些壁报客观上成为当时学生会和护院委员会动员群众、组织群众、团结群众的重要武器，也是反映学生呼声的一个窗口。各学生社团除出版壁报外，还开展读书活动，阅读进步书刊，评论进步文艺作品，举办郊游和联欢活动等，这对凝聚进步力量和开展爱国民主运动起到了一定积极作用。

有一次，国文系主任谭丕模看壁报时暗中指导学生：“壁报配合当前的爱国民主运动，开展舆论宣传，这是反映进步势力和反动势力的矛盾和斗争。但要注意以事实为依据，以理论为准绳，分清大是大非；特别要注意斗争策略，争取团结大多数，孤立打击少数最顽固的分子。”

除了师院内的民主舆论宣传，师院的学生还把影响扩大到整个桂林城。1946年5月，由学生自治会出面，联合桂林各界进步团体在桂林师院附中举行盛大的“五四”纪念会和文艺演出活动，号召同学团结起来为争取和平民主而斗争，使民主爱国运动开展得有声势且深入人心。

在中共桂林师院特别支部的领导下，学生党员很注重运用“勤交友”的方法，把党的工作与群众工作、情报工作有机结合起来，号召进步同学参与民主运动，推动革命事业向前发展。1946年秋入学的中共党员梁健在《南宁师院地下斗争杂忆》一文中回忆：“我考虑，刚来到一个陌生的地方，首要的工作是交朋友，就是努力发现和团结进步的同学。我本来是不善于交际的，但为了革命工作，也适当地参加一些活动，如球类比赛、出壁报、星期天郊游，等等，逐步结识了一批

⊙ 谭丕模（校党委宣传部供图）

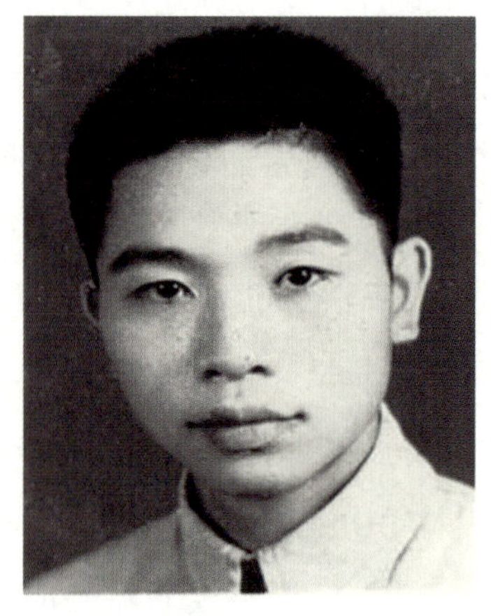

⊙ 桂林师院1946级学生梁健（梁任宽）（校档案馆供图）

进步同学，如张承谟、唐毓荆(唐平)、甘天德、莫自煜、李永中、唐志敬、张胤昌(张谷)，等等。通过他们又联系了不少的进步同学，形成一股进步力量。在选举班代表，成立一年级学生自治会时，我们依靠这批力量，保证了进步同学当选。我们在做交朋友工作的同时，也通过家在南宁的同学了解南宁国民党当局的一些情况。据他们反映，南宁的一些官员对师院南迁又喜又忧。喜的是，南宁也有了国立的高级学府，提高了南宁在广西的身价。忧的是，师院历来是以‘闹事’出名的，来到南宁后，不知又会闹出什么事来。南宁专署、邕宁县府、县党部、县三青团部对师院学生的一举一动都非常注意，还派出特务在师院周围专门监视，南宁的一些中学校长也告诫他们的学生‘不要和师院学生接触’，企图孤立师院。”可见，梁健这位学生党员自觉运用勤交友的工作方法，聚集了一批进步同学，收集到很多有用的情报信息，为其后在学校开展工作奠定了良好的基础。

坚决与反动势力做斗争

1946年，尽管党员很少，学生党员仍组织进步同学发动了三次斗争：一次是“打黄狗”斗争，一次是为反抗特务逼走院长而举行的罢课抗议，还有一次是反美抗暴运动(“沈崇事件”)。

师院开课后不久，一个叫黄某某的反动学生(此人参加国民党)是青年军复员来的，接连出了两版反共壁报，诬蔑共产党、八路军、新四军“搞封建割据，破坏国家统一”等，气焰嚣张。进步同学看后无不摩拳擦掌，准备反击。一天早晨黄某某的反共壁报周围，出现了几张批驳其反动言论的小字报，第二天早上又出了十多张，第三天就更多了。不仅有小字报还有漫画、打油诗、标语，等等，贴满了“民主走廊”。通过这场论战，黄某某被批得体无完肤，他充当国民党反动派走狗的嘴脸暴露无遗。黄某某看到自己成为过街老鼠，人人喊打，自觉无法立足，不得不灰溜溜地离开了桂林师院。这次“打黄狗”斗争，树立了正气，帮助学生辨别了好坏是非。从此，无人再敢在桂林师院出反共壁报了。

1946年10月28日夜，特务突然搜查院长曾作忠的家，诬蔑曾院长家私藏电台，此事引起全院师生的愤慨，提出罢课抗议。学生通过关系，了解到这次事件是广西当局为了制造罪名逼走曾作忠院长，并试图挑起师院的骚动进而乘机镇压师院师生。撤换曾作忠对师院不利，对爱国民主运动不利，因此，所展开的行动既要打击国民党反动派的气焰，又要适可而止不能让国民党反动派有任何可乘之机。教授和学生充分交换意见后，最终决定派代表向广西当局请愿，要求严惩非法肇事人员，确保师生人身安全。结果黄旭初承诺惩办违法人员，警察局长也登门向曾作忠院长道歉，这一事件得以顺利平息。

同年12月下旬，发生了美军强奸北大女学生沈崇的暴行事件，这是对中华民族的侮辱和欺凌。消息传到南宁后，在师院一年级学生中引起了强烈的反响。在进步学生的带动下，大家纷纷出壁报，贴标语，强烈要求严惩肇事者，要求美军滚回美国。学生自治会召开了座谈会，发出了“抗暴宣言”，还向当时学生自治会负责人张胤昌（张谷）建议，以学生自治会的名义，邀请南宁各中学学生会的代表来商议，将反美抗暴运动扩展到全市各学校去。结果反美抗暴运动在桂林师院、西江学院、南宁高中等学校不同程度地开展起来，或出壁报，或贴标语，将美军的暴行公之于众。此次反美抗暴运动使得南宁沉闷的政治氛围，打开了一个小小的缺口。

◎刘于清　李延

中共桂林师院特别支部与中国民主同盟桂林师院支部并肩战斗

桂林师院在20世纪40年代的民主运动声势浩大、发展迅猛，这离不开当时校内的两大组织——中共桂林师院特别支部和民盟桂林师院支部的共同努力。当时，正值抗日战争后期和解放战争时期，国民党对内的残酷统治变本加厉，国统区各种社会矛盾日益激化。在这种背景下，桂林师院的师生在中共桂林师院特别支部和民盟组织的领导下，不畏强暴、大声疾呼，掀起了一场又一场的民主风暴，沉重打击了国民党反动派的嚣张气焰，在国统区拉起了一条“争取和平民主，反对内战独裁”的舆论阵线，贯彻了中国共产党当时在国统区的路线、方针、政策。

中国民主同盟桂林师院支部的建立

早在1941年民盟成立之初，中共中央机关报《解放日报》发表社论，认为民盟是民主运动中出现的生力军。中国共产党与民盟在新民主主义革命中也一直并肩战斗、相互扶持。1945年11月，民盟广西省支部委员会在桂林秘密成立，桂林师院的一批教师成为骨干，徐寅初担任主任委员，张锡昌任秘书长，张毕来任宣传部部长，靳为霖任宣传部副部长，林砺儒、杨荣国、曹伯韩是支部委员，其中张毕来、杨荣国、曹伯韩等教师是中共党员。

1946年4月上旬，桂林师院学生党员郑仲坚（郑风）见到了中共华南分局派来桂林的吴师光同志。经吴师光同志介绍，郑仲坚认识了民盟广西组织的周匡人。根据周匡人的布置，郑仲坚在桂林师院的学生中发展盟员建立民盟组织。当时，民盟在桂林师院共成立了广西省支部领导下的两个基层支部：桂林师院教师支部和学生支部（合称为民盟桂林师院支部）。1945年至1947年间，教师支部有盟员15人，其中有中共党员7人；学生支部有盟员22人，其中有中共党员9人。首批发展的盟员有陈炯高、韦家利、莫国琏、陈竹林、秦慰俭、梁成业、刘润贤、李毓灵、张国粹、叶孟贞、李瑶、黄汉昭、陈秀玉、潘澄熙等。为了统一桂林地区学生运动的领导，由李毓灵同志负责发起组织地下学联。

⊙ 郑仲坚（校档案馆供图）

中共桂林师院特别支部与民盟桂林师院支部共同战斗

在桂林师院，中共与民盟结为可靠同盟，默契配合。1946年10月，钱兴与回到桂林师院复学的植恒钦（1941—1942年曾参加中共党员在桂林师院组织的读书会，1945年加入民盟）取得联系，通过植恒钦把希望与民盟密切配合、共同战斗的想法转达给民盟广西省支部主任委员徐寅初。徐寅初对此表示赞同，并结合广西的局势做了部署：坚持民主运动，开展地下党工作，利用各种时机揭露国民党反动派的罪行，发展进步力量，扩大民主运动。在中共与民盟精诚合作的良好氛围下，植恒钦和黄启成、陈炯高、潘澄熙等同学组成一个时局研究小组，把中共党组织发来的电讯、文件传播给同学，还经常与叶生发、杨荣国等盟员教师沟通交流，使民盟与中共的工作保持一致。

在中共党组织和民盟组织的领导以及进步师生的大力推动下，桂林师院的民主进步活动日益蓬勃。1945年，桂林师院在西迁路上持续宣传民主，抵达贵州平越复课后，为响应国立浙江大学、国立西南联合大学学生发出的民主宣言，立即发表题为《我们要民主胜利和平》的宣言，将呼唤民主的呐喊声传遍西南大地。

抗战胜利后，桂林师院迁回桂林，借靖江王城旧址办学。1946年，在国统区各地反内战、反独裁群众运动蓬勃兴起的背景下，桂林师院学生组成了近30个壁报团体出版壁报。这些壁报汇聚在一条长廊上，被称为“民主走廊”，吸引了众多校内外师生和群众前来观看，引起了桂林乃至全国的关注，成为桂林城内宣传爱国、呼唤民主的重要阵地。桂林师院因而被重庆《新华日报》誉为“西南民主堡垒”。

民盟桂林师院教师支部和学生支部还积极利用各种文化媒体宣传和平民主思想。桂林师院学生自治会出版的《学生生活》，在盟员的努力下，发表了大量争取和平民主的文章。桂林师院的盟员学生还组织各种进步社团，演出话剧《凯旋》，创办夜校，使得桂林师院成为民主运动的重要阵地。1946年五四青年节，中共桂林师院特别支部和民盟桂林师院支部决定召开盛大的纪念会，由桂林师院学生自治会出面，联合桂林文化界联谊会、文艺界协会桂林分会、美术工作者协会、桂林妇女界联谊会等团体共同举办，会议在桂林师院附中礼堂举行，有五六百人参加了此次大会。大会由林砺儒主持，他介绍了五四运动的经过和意义，强调只有政治上的民主才有科学的繁荣昌盛。穆木天讲述了当前文艺要为“争取和平民主，反对内战独裁”而斗争。

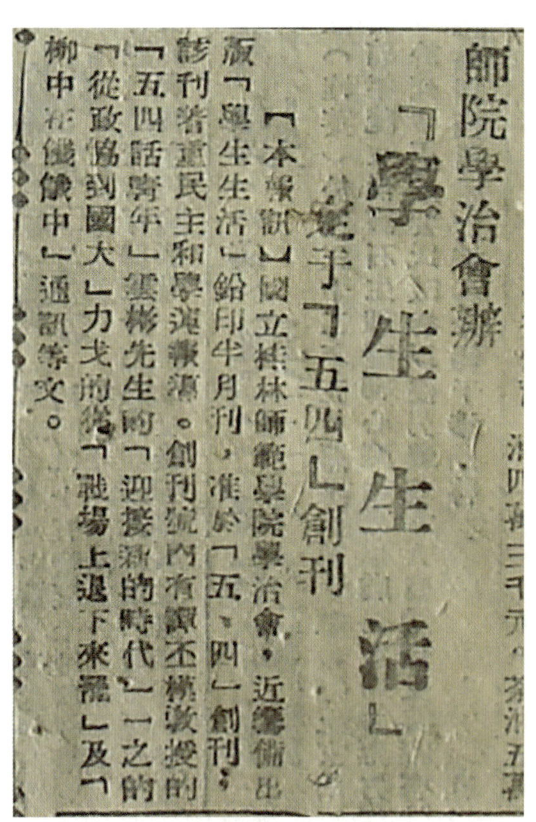

師院學治會辦

「學生生活」

定于「五四」創刊

【本報訊】國立桂林師範學院學治會，近籌備出版「學生生活」，鉛印半月刊，准於「五、四」創刊；該刊着重民主和學識灌溉。創刊號內有[illegible]教授的「五四話青年」，雲彬先生的「迎接新的時代」，一之的「從政協到國大」，力戈的「從[illegible]場上退下來[illegible]」及「柳中[illegible]儀像中」通訊等文。

⊙ 1946年5月4日，桂林师院进步学生创办报纸《学生生活》(校党委宣传部供图)

巧妙借助合法组织领导民主运动

桂林师院的中共党组织与民盟互相支持、风雨同舟，并借助学生自治会、教授会等合法组织领导民主运动。在桂林师院，中共与民盟结为可靠同盟，默契配合。

桂林师院迁到南宁后，各方面条件都不如桂林，因而引起了师生们的不满。1947年5月初，国民党政府教育部通知将桂林师院改名为南宁师院。接着，行政院公布《公教人员待遇调整办法》，师院教职员的待遇和学生的公费(伙食费)比桂林低了两级。这如同火上浇油，增添了师生们对桂林师院南迁的不满，学生自发贴出大量海报、标语，发出了“反对更改院名”“维护师院光荣历史”“反对不合理待遇”的呼声。

师院党组织早有开展斗争的准备，于是决定因势利导开展以反对更改院名、反对不合理待遇为主要内容的“护院”运动，并与整个国统区爆发的“反饥饿、反内战、反迫害”运动的洪流汇合起来，一同反对国民党的反动统治。根据党组织的要求，学生党员需以盟员的身份积极在民盟内活动。当时民盟盟员情绪很高，民盟组织也决定积极投入运动。

当时，师院的教授会、学生自治会的领导权均掌握在中国共产党和民盟组织手中，于是决定由学生自治会出面领导，教授会加以配合，以合法斗争为主要形式开展运动。根据大多数学生的意愿，学生自治会于5月16日召开全体学生大会，通过了几项决议，其中有：致电教育部要求收回更改院名成命；致电行政院要求提高师院公教人员待遇和学生公费；从次日(17日)起罢课3天，以示决心，要求教育部、行政院10天内答复，如得不到解决，则继续罢课；成立学生护院行动委员会(简称护委会)，在学生自治会领导下开展“护院”工作。教授会也在当天晚上举行会议，决定支持学生的行动，电请教育部、行政院按桂柳区标准确定教职员和学生的待遇。在罢课期间，学生自治会要

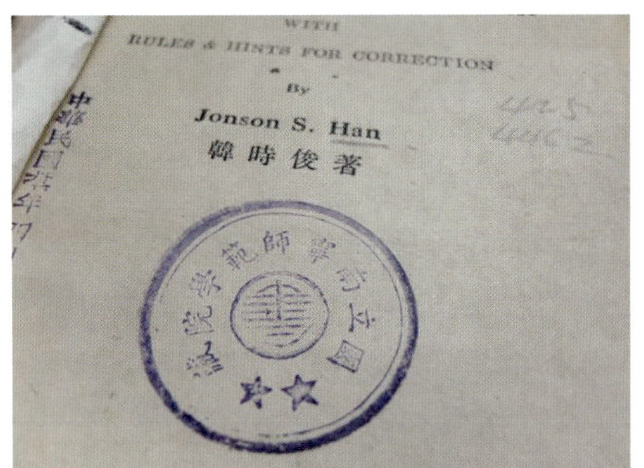

⊙ 南宁师院藏书印（谢婷婷摄）

求同学们抓紧时间自学并请教授给予辅导，努力完成自己必修和选修的学分。

其后，师院的中共党组织和民盟组织通过各自的渠道进行发动工作，并号召党员、盟员发挥骨干作用，以保证“护院运动”的顺利开展。罢课的第一天，护委会和教授会除分别致电教育部陈明罢课缘由外，还分别在师院召开了南宁各界人士招待会和记者招待会，在两次招待会上，都严厉批驳了国民党反动派对“护院运动”的诬蔑。一些进步教授也理直气壮地做了慷慨激昂的发言。师院所散发的《告全国同学书》等传单，多数是由党员、盟员共同起草的。另外，在派往桂林向省政府、省参议会交涉和到广西大学等大中院校争取支持的代表中，也有一部分是党员、盟员。由于中共党组织和民盟组织的紧密配合，工作进展顺利，“护院运动”得到了南宁、桂林各界人士的广泛同情和支持。

正当“护院运动”进入高潮的时候，南京发生了国民党政府镇压学生运动的五二〇血案。5月下旬，北大、清华等校发出号召：在6月2日组织全国学生举行“反饥饿、反内战、反迫害”的罢课和游行示威。桂林师院中共党组织决定联合全市各中学统一行动，通过学生自治会秘密邀请八所中学的学生会代表到师院开联席会议。会议通过了南宁院校“反饥饿、反内战、反迫害”联合宣言，决定6月2日举行罢课和游行示威。

6月1日晚，南宁初中部分学生不明真相，在某些反动分子的煽动下，以收回校舍为名，向师院附中女宿舍发起突然袭击(附中暂借南宁初中宿舍住)，附中几个女学生受伤。这是广西当局策划的破坏“六二”罢课游行阴谋的一部分。在这紧急关头，学生自治会的同学提出，找南宁初中校长谈判，并当场向群众宣布，使双方的对立情绪缓和下来，事态没有扩大，广西当局的阴谋没有得逞。“六二”前夕，师院中共党组织得到消息说，南宁反动当局策划部分学校在6月2日举行反游行以制造冲突，然后借机镇压。为避免损失，学生接受谢厚藩、谭丕模、汪泽楷等教授的意见，取消原定游行，只罢课。对这一改变，有学生提出坚持游行，认为广西当局不敢在这时候进行镇压，只不过是放出空气恫吓师生而已，不应因此而退缩。经中共党组织(通过党员)反复说明桂系本质上是反共的，只是程度上有差别而已，不能不提防，最后大多数学生同意不游行。

6月2日，罢课和在校内外宣传的，除师院外，还有师院附中、西江学院、南宁高中、南武师范、女子师范、尚实中学等院校，这在广西引起很大的震动。“六二”过后，所有罢课的学校都恢复上课，师院由于“护院运动”所提出的要求未得到答复，罢课仍在继续，学生的斗争情绪仍很高昂。师院的这场斗争惊动了南京政府，6月初，国民党政府教育部派督学唐惜分(后任院长)专程来南宁处理这件事，使师生的要求部分得到满足。至此，“护院运动”告一段落。

中共地下党组织与民盟组织领导师院师生开展“护院运动”的目的，表面上是反对改名，反对不合理的待遇，但实际上不只是反对改名，反对不合理的待遇，更重要的是反对国民党当局对桂林师院的摧残，维护师院的光荣历史，维护师院思想自由、学术研究自由、民主治校的办学方向和民主、进步、严谨、求实的校风学风。“护院运动”

实质上是爱国民主运动的继续和深入发展。

1948年冬，辽沈战役已胜利结束，淮海战役、平津战役正顺利进行。国民党在面临全面崩溃的情况下，采取种种反动措施，加强长江以南地区的统治，以冀顽抗到底。正是在这样的情况下，国民党政府任命黄华表为南宁师院院长，企图凭借他的“才能”，搞垮师院这座民主堡垒。

黄华表乃是1927年四一二反革命政变屠杀广西共产党人的罪魁祸首之一。他任师院院长，无论是师院的师生还是南宁的群众都无法接受。师院中共党组织决定掀起以“赶黄”为中心的学生运动，并提出以合法斗争为掩护，坚持有理有利有节的斗争策略。刚恢复活动的民盟组织十分赞成，决定积极投入运动，与中共党组织和进步力量紧密配合，进行了大量的争取团结广大师生员工的工作。

顽固又狡猾的黄华表在地方反动势力的支持下，使尽浑身解数，一次又一次地进行反扑，如下令停发学生伙食费，解聘进步教授，收买暴徒殴打进步学生、工友，电呈教育部下令解散师院等。

中共党组织和民盟组织配合，由学生自治会、教授会出面，通过出海报，散发告全省、全国同胞书及举行记者招待会，揭发黄华表镇压学生、摧残教育、贪污挪用学校经费等罪行。经过几个月曲折复杂的斗争，在黄华表被撤职前夕，师院进步教授谢厚藩、谭丕模、翟凤鸾、杨荣国、张毕来、汪泽楷等于1949年4月被迫离邕。师院学生组织了1000多人的庞大送行队伍，借送行之机举行示威游行，沿途散发黄华表勾结国民党反动派、逼走教授、迫害同学的传单，高呼“反对迫害、保障人权”“我们要活命、我们要读书”“打倒刽子手黄华表”等口号。这次送别游行把“反黄”运动推向高潮。此外，学生还举行“活命大拍卖”“活命公演”，争取社会各界人士的同情和支持；利用桂系与CC派的矛盾，派代表到桂林向广西省政府、省参议会请愿，强烈要求撤换黄华表。经过激烈的较量，黄华表被迫于5月6日“辞职”，离开师院。在这场长达四个月的斗争中，中共党组织和民盟组织同舟共

⊙ 1949年谭丕模、谢厚藩、汪泽楷、杨荣国教授被迫离校时与学生、助教惜别合影。前排右二起依次为翟凤莺、谭丕模、谢厚藩、汪泽楷、杨荣国（校党委宣传部供图）

济、并肩前进。这场斗争的胜利，不仅保住了中国共产党在师院的阵地，而且锻炼了中国共产党的队伍，鼓舞了广大师生和南宁人民的斗志，而在经过这场斗争后，中共桂林师院特别支部上下士气大振，为师院进一步发展党组织，做好解放南宁的各项工作创造了良好的条件。

回顾20世纪40年代，中共桂林师院特别支部与中国民主同盟桂林师院支部并肩战斗，保证了学生运动的顺利开展。在活动策略上，中共桂林师院特别支部与民盟组织互相支持、风雨同舟，借助学生自治会、教授会等合法组织领导民主运动，培养出一大批追求民主进步的革命青年，极大地推动了桂林、南宁党组织的建设和广西革命运动的发展。在活动影响力方面，师院的“护院运动”得到了各界人士的同情与支持，推动了“护院运动”的发展。师院的党组织和民盟组织努力号召“为彻底摧毁反动独裁政府，为彻底实现民主、和平、独立统一的新中国而奋斗到底”，他们在摧毁反动独裁政府上同心协力，成功地将反动势力赶出了师院。另外，盟员在收集情报、策反、护校、护厂等方面做了大量工作，为迎接解放军南下，为解放南宁做出了积极的贡献。

◎ 刘于清　李延

协助组建南宁城工委

随着辽沈战役、淮海战役、平津战役三大战役的胜利，中国人民解放军解放了东北、华东、华北、中原地区的重要城市，中国共产党的工作重心由农村转移到城市，中共中央要求各待解放城市的中共党组织加强城市工作领导，全力组织各方力量保护城市、协助入城部队做好城市接管工作。

广西党组织城市工作的恢复

抗战结束后，广西的党组织开始逐渐恢复城市工作。1945年9月，中共广西省工委书记钱兴指示各地党组织要在继续做好农村工作的同时，派遣一部分党员返回城市进行恢复党组织的活动。此后，根据这一指示精神，广西党组织开始了初步的恢复城市工作，主要组织开展爱国民主运动，以反抗国民党新桂系的统治。

1947年4月，中共广西省工委召开横县会议。会议后，广西党组织工作重心转移到开展农村武装斗争，原本在城市工作的党员大部分调往农村，给城市工作增加了许多困难。但是，随着解放战争的不断深入，越来越多的城市得到解放，中共中央对城市工作也越来越重视。5月6日，中共中央正式批准成立中共中央香港分局，并在分局下设立城市工作委员会，专管城市工作。此后，广西党组织的城市工作逐渐得到加强，工作方针也越来越明确。

从最初的以恢复与扩大党组织力量、组织发起爱国民主运动，到1949年9月中共广西城工委在全省城市工作会议上提出“大胆组织群众与发展党的组织，加强与地方上层民主人士与开明绅士的联系，积极布置我军入城的一切准备工作”的方针，广西党组织逐渐转变工作思路，为城市解放后的接管做好了充分的准备。

南宁师院党组织的调整与南宁城工委的组建

抗战胜利后，中共南宁党组织开始恢复与重建。1947年7月，在中共粤桂边工委右江特派员覃桂荣的指示下，中共南宁特支成立了。中共南宁特支主要是由1943年“一·一五”事件中隐蔽下来的同志组成。此时，桂林师院已迁至南宁并改名为南宁师院，师院的中共党组织也随院转到南宁活动，并开始在南宁华侨中学、南武师范、女子师范、西江学院、南宁高中、水电厂和扶南中学等单位发展党员，建立党组织。中共南方局与广西省工委决定，将原中共桂林师院特别支部与外省外地在师院的党组织合并，合并后的师院支部由学生罗杰林、梁健（梁任宽）负责领导。自此，南宁有了两个不同领导系统的党组织。

在两个党组织的共同努力下，南宁的城市工作取得不断进步，其中师院党组织经过一年多的努力，发展了20多名党员。1949年1月，梁健和谢兆麟接到通知去桂林参加广西省城工委召开的城市工作会议。会上广西省城工委书记陈枫传达了党中央对时局的估计，再有一年左右的时间，就可从根本上打倒国民党的反动统治，同时布置了以迎接

⊙ 桂林师院1945级学生谢兆麟（校档案馆供图）

解放军解放城市为中心的各项任务。两人返回南宁后，为贯彻这次会议的精神，举办了两期党员干部学习班，每期七至八人。同年7月，广西省城工委决定在师院党组织的基础上成立中共南宁城市工作委员会（简称中共南宁城工委），由梁健和胡中平、韦元良三人组成，梁健任书记兼组织委员，胡中平、韦元良分别任联络委员和宣传委员，以加强迎接南宁解放各项工作的全面领导。1946年至1949年间，师院有77名学生和2名教职工加入中国共产党，隶属中共南宁城工委师院组织。此外，成立两年多的中共南宁特支于10月28日宣布撤销，随后成立了中共南宁市工作委员会（简称中共南宁市工委）。中共南宁市工委的成立，使南宁一下有了两个市一级的党的领导机构领导南宁的各项工作，从而大大促进了南宁城市工作的开展。

此后，两个党组织在工作与斗争实践中不断发展壮大。中共南宁城工委成立至南宁解放（1949年7月至12月）共发展了党员52名、爱青会会员65名、新青团员108名（其中大部分是爱青会会员转团员、少数团员入党后仍保持团员身份），中共南宁市工委则发展了党员2名、团员4名，并且成立了统战性团体——南宁人民解放促进会。

⊙ 中共南宁城工委所在地——南宁师院办公楼（在今南宁市植物路，解放后拍摄）(来源:《南宁百年图录》)

为南宁解放做出贡献

1949年，解放广西的战役即将拉开序幕。师院党组织及其帮助组建的中共南宁城工委为了配合解放军顺利进军，加快南宁的解放步伐，积极做好接管前的准备工作。第一，根据广西省城工委的布置，对国民党反动派党、政、军、警、特机关、团体以及企事业、学校等部门、单位进行调查。这项工作在南宁解放前夕已基本完成，为解放军顺利接管城市提供了情报。第二，开展强大的宣传攻势。解放军渡江时，为了配合大军胜利进军，瓦解敌人的斗志，宣传党的政策，稳定人心，师院党组织根据广西省城工委的布置，出动所有的党员、团员、爱青会会员于5月14日晚同桂林、柳州两市的党团员一起散发《约法三章》《城市工商业政策》《警告特务书》等传单共六七千份。中共南宁城工委成立后，又散发了《告南宁同胞书》《告国民党官兵书》等传单，揭露国民党反动派散布的所谓共产党“共产共妻”的谣言，敦促国民党官兵放下武器，不要继续为国民党反动派卖命。同年9月，中共南宁特支开展抵制国民党反动派在南宁召开万人反共大会的宣传活动，使参加这个会的人数不到预定的五分之一。第三，开展对中上层人物的统战工作和策反工作，通过建立民主人士联谊会，争取了一批民主人士和国民党退役军官为迎接南宁解放效力。第四，组织群众开展护厂护校斗争。保护了重点工厂、学校免受国民党反动派的破坏。第五，在城郊安吉乡建立了据点，并在该据点周围的农村建立工农解放联合会，发展会员40多人。在这些活动中，师院的党支部都与南宁特支(后成立南宁市工委)配合得很好，为迎接南宁的解放做出了积极的贡献。

1949年12月4日，国民党最后一批军队撤离南宁，中共南宁市工委命令南宁警察局、护商大队维护治安。下午8时，中国人民解放军第四野战军第十三兵团第三十九军一一六师三四七团在中共南宁市工委、城工委的配合下，顺利入城，除邕江浮桥和飞机场油库被烧外，南宁未遭严重破坏，得到解放。次日，中共南宁城工委组织学生走上街头，欢迎解放军进城，宣传中国共产党和中国人民解放军的政策纪律，协助临时治安委员会做支前工作。12月中旬，中共南宁市工委负责人接管中共南宁城工委。

至此，经过长期艰苦斗争的中共南宁党组织，终于配合解放军把这座古城完整无损地交给人民，南宁市彻底解放了！全市灯火通明，一切正常，没有受到什么破坏。第二天，各街道商店照常开门营业，解放军的秧歌宣传队出现在街道中心载歌载舞，锣鼓声响彻云霄，全市军民沉浸在庆贺解放的欢乐之中。

第三章

开展民主运动
担当青年使命

◎ 朱瑞雪

宣传民主进步的西迁之路

抗日战争时期，由于日本侵略者有意识地将文化教育设施作为破坏对象，中国的高等教育面临着“生”与“死”的抉择。桂林师院作为当时全中国六所国立师范学院之一，以强大的教授阵容，高水准的教学和学术质量，以及民主进步的优良校风和学风而驰誉社会。面对日军的强势进攻，为延续教育文化事业，保存民族复兴力量，桂林师院不得不西迁，并在战火中坚持教学，坚持科研，传播“火种”，谱写了文化抗战、教育抗战的壮歌。

战时西迁延续火种

1944年，日本侵略者在太平洋战争中接连失利，日本为打通大陆交通线，发动了豫湘桂战役。国民政府军队的溃败，使日军迅速占领了豫湘桂等地的大部分地区。日本侵华战争使中国高等教育遭受空前劫难。教育是中华民族薪火相传的根本，为保存火种，各院校不得不

⊙ 1946年5月8日，桂林师院附中师生迁回桂林王城后与曾作忠院长（右二）合影（校党委宣传部供图）

做出迁徙之计。

1944年6月，桂林城开始了第一次紧急疏散，作为一所国立学府，桂林师院坚持教学，服务抗战，决心保存教育文脉，西迁贵州。在民族危难之际，桂林师院的西迁也是教育救国的必然选择。在抗战期间，日本侵略者曾给桂林人民以及桂林师院带来了毁灭性的灾难，侵略者用飞机投掷了大量的炸弹和燃烧弹，使桂林这座城市的房屋建筑、文物古迹和人民的生命财产遭受了严重的损失和破坏。为了躲避战火，师院全体师生也开始了紧急疏散，被迫迁校。

在迁校途中，师生中的中共党员身先士卒，带领师生一路冒着被飞机轰炸的危险，风餐露宿，扶老携幼，日夜兼程，一路迁移。10月4日，师院师生大部分迁至三江丹洲。经过一个月的修缮与安置，丹洲的校舍大致已经布置就绪，师院便在丹洲开始招新生，同时又在《柳州日报》刊登招生公告并分别函知师院学生到丹洲上课。10月10日，师院正式在丹洲开课。颠沛流离的生活，磨炼了学生刻苦耐劳、果敢敏锐的品格，培养了团结、民主、自治、互助的集体主义精神，也将人心凝聚到一起，赋予了学校新的力量。这样艰苦的条件反而磨炼了学生的意志，使得大家团结一致，格外珍惜这来之不易的学习机会。

由于形势的急剧变化，在丹洲复课一个月后，桂林师院被迫再次迁徙。疏散委员会决定，11月16日沿榕江北上到贵州平越。平越也是桂林师院西迁之路上最重要的驻地。曾作忠院长带领师生经过一个多月的跋山涉水，于1945年1月到达贵州平越，在国立交通大学贵州分校旧址复课办学。在平越办学一年的时光里，教师互敬互爱，以自身的乐观、豁达引领着艰难岁月中的学生，在潜移默化中，大家增强了集体主义精神，培养了进步思想。

1945年7月，在桂林沦陷近8个月之后，经过20多天的血战，我国军民于7月底收复桂林，在平越收到桂林已光复的消息后，师生们归心似箭。1945年11月，曾作忠院长率领部分员工先回桂林，筹备迁返事宜。当时的市区遭到了日本侵略者的蹂躏，处处断壁残垣，满目疮痍，99%以上的房屋被毁，师院原在六合路、建干路一带的校园已荡然无存。在师院的申请下，广西省政府把位于明代靖江王城内的省府旧址拨给师院办学。曾作忠院长带领员工清理废墟，修缮教室，在艰苦条件下很快建起了一座座茅草房，同时续招新生。11月25日，曾作忠院长主持召开了师院桂林分部一年级的开学典礼。1946年1月26日，滞留平越的师生们全部迁回桂林。面对百废待兴的环境，师生们毫不气馁，积极参加建校劳动，很快就在王城里安顿好了师院本部以及附中。这是一支星火燎原的队伍，保存了教育的火种，延续了民族的希望。

从广西到贵州，师生们在战火中坚持教学，坚持科研，传播“火种”。经过战火纷飞的西迁之路，再到百废待兴重建家园，师生们磨

⊙ 1946年1月14日，桂林师院国文系师生离平越回桂林前合影（校党委宣传部供图）

炼出勇往直前、百折不挠的品格。西迁之路上，师生们自发宣传抗日、呼唤民主，凝聚革命力量。

一路弦歌宣传民主

1945年，桂林师院师生西迁路上持续宣传民主，抵达贵州平越复课后，为响应国立浙江大学、国立西南联合大学学生发出的民主宣言，立即发表题为《我们要民主胜利和平》的宣言，将呼唤民主的呐喊声传遍西南大地。

教师们在桂林师院工作期间倾力于教学和科研，学术成果非常丰硕：教务主任林砺儒教授在西迁办学过程中，不忘教学科研，艰苦条件从来没有击垮他。他坚持研究国内外教育名著并勤于笔耕，被誉为“服务最有恒心的教育家”，于师院疏迁贵州平越期间写作了专著《教育哲学》；杨荣国编著了《中国十七世纪思想史》《西洋现代史读本》《孔墨的思想》等书；谭丕模先后八易其稿著就《中国文学史纲》，该书被评价为“用科学唯物论的方法和观点从事中国文学史写作的第一部”；陈竺同著有《中国文化史略》；张世禄出版著作《中国训诂学概要》。

抗战期间师院迁至贵州平越时，国文系还在贵阳的报纸上开辟“文艺园地”专栏，发表学生的进步文艺作品，穆木天、彭慧亲自阅稿、指导。学生吴天佑的习作小说《周排长的悲哀》和诗歌《夜平越》，在穆木天和彭慧的指导下在文艺杂志《只有战斗》上发表。

从丹洲到平越，桂林师院师生一路上演出进步话剧，宣传民主进步，他们的话剧活动超出了校园的范围，影响了地方。话剧工作在平越是很活跃的，它不但鼓舞了学生的士气，而且牵引着平越中学的剧运向前发展。平越中学高中部《野玫瑰》的演出，初中部《离离草》《春寒》《寄生草》的演出，都是由师院学生负责导演的，这表明师院积极利用话剧这种文艺方式宣传民主进步。

在师院被迫迁徙的一年多时间里，师生们保持着抗战必胜的信心和团结一致的精神，学风愈加优良，师生关系倍加融洽。正如曾作忠院长在《五年来的国立桂林师范学院》文中所述：“敌人来袭，长途奔逃，教师视学生如子弟，学生敬教师如父兄，鼓励扶掖，在饥寒交迫之时，未忘礼让，伤痛呻吟之际，倍加同情，友好之爱，随时可见。而讲习研究之风，虽在途次，犹孜孜不息，每到一处，即行开课，在丹洲，在平越，皆属如是。”学生自治会以及各种文艺团体创办刊物，演出话剧，举办座谈会、演讲会，广泛开展抗日救亡运动，谱写了一首首文化抗战、教育抗战的壮歌。

将进步之风带到西南地区

面对国难当头、民族危亡的艰难时期，桂林师院师生在食不果腹、衣不御寒，办学经费和设备奇缺的艰苦环境下，丝毫没有动摇立志教育救国、兴学抗战的意志，反而坚定了救国图存的信念。正是他们时常怀揣一种教书不忘抗战、读书不忘救国的强烈爱国主义热忱，饱含深厚的爱国情怀，不畏艰苦、团结一致，保存和传承了中华民族的教育文化根基和基本力量，推动了西迁途径之地的教育文化乃至社会的发展。

在推动当地教育发展方面，当时平越的风气比较保守，民主、自由之风吹不到这一潭死水似的山城，桂林师院在平越办学期间，有部分教授、讲师应聘到平越中学兼课。教师不遗余力地向学生传授知识的同时又对学生严格要求，期望学生能够通过勤奋学习获得优良成绩。正是由于桂林师院的大力支持，平越中学的师资力量逐渐雄厚，教学质量不断提高，良好的校风、学风日渐形成，学生的考试成绩在贵州省名列前茅。同时，平越的教育事业也得到了长足发展。

在宣传抗日救国方面，师生们通过各种形式进行抗日宣传活动，在文化教学中，在夜校授课时，向群众宣传抗日，鼓励群众参与抗战。同时，他们把自己所学到的党的先进思想理论、政策、方针传达给群众，向群众讲授马克思主义的革命理论，让更多的人了解共产党，接

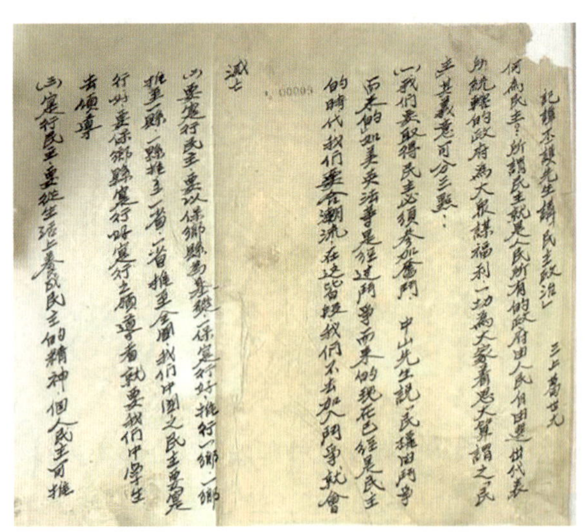
記譚丕模先生講「民主政治」
何為民主？所謂民主就是人民所有的政府由人民自由選出代表
助統轄的政府為大眾謀福利，一切為大家着想，方算謂之民
主，其意義可分三點：
(一)我們要取得民主必須參加奮鬥。 中山先生說「民權由鬥爭
而來的」，如美英法等是經過鬥爭而來的，現在已經是民主
的時代，我們要合潮流，在這階段我們不去加入鬥爭就會
滅亡
(二)要實行民主，要以保鄉縣為基礎，一保實行好，推行一鄉，一鄉
推至一縣，一縣推至一省，一省推至全國，我們中國之民主要實
行，必要保鄉縣實行好，實行之領導者就要我們中學生
去領導
(三)實行民主，要從生活上養成民主的精神，個人民主可推

⊙ 谭丕模在平越中学做民主政治演讲的记录稿（福泉市档案史志局供图）

受共产党，接受马克思主义。这不仅激发了群众的抗日爱国情感，也提高了群众的文化水平，为马克思主义的传播打下了一定的文化基础和群众基础，使得西南地区的群众更易接受马克思主义，特别是切合中国实际的中国化的马克思主义。

在培养人才方面，桂林师院在西迁岁月中艰苦办学的同时，积极响应中国共产党提出的“坚持抗战、反对投降，坚持团结、反对分裂，坚持进步、反对倒退”的号召，不断开展抗日救亡活动和民主运动，宣传抗日，呼吁民主，使在校师生和西南地区广大人民群众对国家的政治形势和抗战前途认识更加清楚，对国家和民族安危更为关注，为国家培养出大量专业人才和革命志士。桂林师院的西迁之路非常坎坷，几经波折。然而，桂林师院始终坚持学术自由、民主办学，以进步的校风、高水准的教学质量和学术水平跻身国内有影响力的高等院校之列，为广西乃至西南各省输送大量人才，推动了西南地区高等师范教育的发展。

◎张旭阳阳

1932—2022

桂林师院的“民主走廊”

抗日战争胜利后，桂林师院于1946年由贵州平越迁回桂林，借桂林市中心靖江王城旧址为校址。当时国民党反动派加紧发动内战，激起了全国人民的愤怒。桂林师院的学生积极参与抵制国民党的运动，组成近30个壁报团体，在师院内办起30多种壁报，内容以“反饥饿、反内战、反迫害”为主，抨击国民党政府屠杀人民、实行特务统治的罪行为主，积极伸张正义。

桂林师院的“民主走廊”对当时民主革命运动的发展具有重要意义，民主革命思想随着壁报中一篇篇进步文章的传播而深刻影响着广大师生和民众。桂林师院也成为桂林民主运动的中心，被重庆《新华日报》誉为“西南民主堡垒”。

“百花齐放”宣扬革命思想

在“争取和平民主，反对内战独裁”群众运动开展的背景下，桂林师院的学生积极投身民主运动，在桂林师院内贴满了由学生社团编辑出版的壁报，形成了“百花齐放”的壮观局面，矛头直指国民党，抨击国民党政府反动统治的罪行。

全院学生共组成近30个壁报团体，出版了内容丰富的壁报，这些壁报主要分三种类型。第一种是全院性质的壁报，有学生自治会主办的《师声》，女同学联谊会主编的《女联》等；第二种是由各系学会主办的，例如教育系的《教育新哨》、国文系的《国文半月刊》等；第三种是由学生自由组合出版的壁报，如《独秀峰》《南方》《诗潮》《小钢炮》《音涛》《时事新报》《民主与和平》等。这些壁报团体多是以中共党员、民盟成员和进步学生为骨干，壁报内容有学术探讨，有批评时政、歌颂革命、反映民间疾苦的小说，有要求革命的散文、诗歌、杂文等。围观的教师、学生如潮水涌动。由于壁报张贴在一个长廊的墙壁上，每天都有院外大学、中学的学生来观看、摘抄，因此这条长廊被称为“民主走廊”。

师院国文系主任谭丕模也经常去看壁报，而且看得很仔细，他对学生社团给予很大的支持与鼓励。他曾对身边的学生说：“壁报内容丰富多彩、声势浩大、朝气蓬勃，很好。”为了扩大壁报的影响，很多进步学生如刘冬安、黄启成等倡议办一份“铅报”，得到了谭丕模老师的大力支持，并给铅报定名为《学生生活》，于1946年五四青年节那天正式出版发行。《学生生活》创刊号刊登了谭丕模亲自加工修改的《为真理而生活——创刊词》，发表他写的《“五四”话青年》，他明确揭示“学生生活”就是学习，为生活学习，为和平、民主、团结而学习。桂林师院的壁报配合了当时的爱国民主运动，对扩大舆论宣传发挥了重要作用，反映了进步势力和反对势力的矛盾与斗争。

⊙ 桂林师院1947届毕业生刘冬安（校档案馆供图）

⊙ 桂林师院1947届毕业生黄启成（校档案馆供图）

关于学生自治会领导权的斗争

桂林师院在六合路办学期间，国民党三青团操纵学治会，干尽坏事，不得人心；在平越办学期间，三青团骨干创办“青年剧社”企图拉拢学生以争夺学生自治会领导权。但是，中共地下党以革命民主思想为指导，团结了更多的学生，组织了师院剧团，因而三青团耿耿于怀。回到王城办学以后，反动势力就向他们的上级汇报，由广西当局出面，拟重新成立学生自治会，并在各系布置人员，这一举措遭到了广大进步学生的反对。1946年，师院学生自治会进行改选，师院大部分学生主张通过竞选方式成立学生自治会，反对指定人员。一时，争夺学生自治会领导权的斗争在师院进行得很激烈。“民主走廊”的各个壁报社团也都投入了这场没有硝烟的“战争”，各壁报记者纷纷访问候选人，介绍候选人的谈话，通过这些活动，宣传民主进步思想。当时，三青团的一名英语系女候选人发表政见说“要整顿全院的壁报言论”“不过问政治”。这种专制口吻引起了师院学生的公愤，这种违反民主、维护反动独裁统治的言论在桂林师院是得不到拥护的。师院学生利用“民主走廊”，通过一系列活动，为进步学生候选人造势，不仅宣扬了进步的爱国主义民主思想，同时也抨击了反动派的黑暗，让更多的师生看清了现实。

“民主走廊”中的论战

1946年下半年，国民党当局的反动势力为了打击桂林师院的民主力量，分散学生运动，决定把桂林师院迁往南宁。这一举措遭到了进步师生的强烈反对，他们利用“民主走廊”，通过壁报宣传的方式，反对迁校、反对更名。独秀峰社的韦慕韩同学写了一篇题为《竟有人主张南迁》的文章发表在壁报上。这篇文章揭露了国民党反动派的政治阴谋，阐述了师院不应南迁的理由。但还是有少数桂南籍的学生出于地域感情，主张师院南迁。因此，他们围绕韦同学的文章进行争辩，于是，“民主走廊”上形成了北留、南迁两派的针锋相对，引发了一场关于是否迁校的大辩论。南迁派创办了《南迁》壁报，重点宣传南宁物产丰富、气候宜人，桂林师院应该迁校；北留派除了宣传反动势力的政治阴谋以外，着重宣传桂林山水秀丽、文化发达、人才荟萃以及

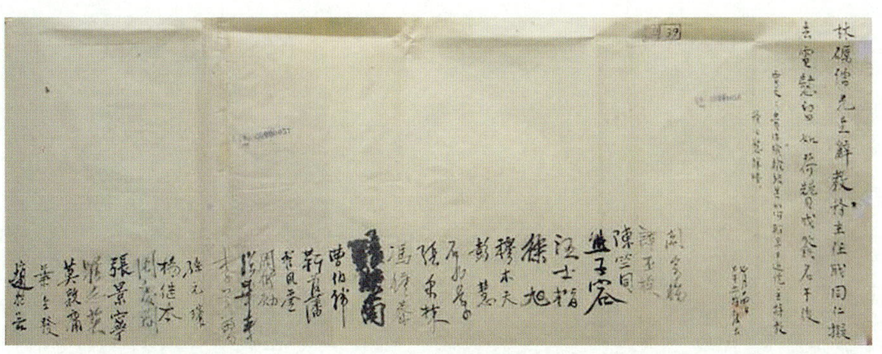

⊙ 林砺儒因不满迁校和改名，1946年底辞去教务主任职务离开桂林，多名教授联名去电慰留（校档案馆供图）

师院创办的历史，他们认为桂林是历史文化名城，迁校是对学校历史的不尊重，这些理由获得了广大师生和桂林各界的同情和支持。

“民主走廊”的争论十分活跃，这使得国民党反动势力的阴谋更加暴露，不仅提高了学生的政治觉悟，还增强了进步势力推翻国民党统治的决心与信心。

促进民主革命思想传播

桂林师院的“民主走廊”，壁报内容丰富，不仅吸引了众多校内外师生、群众前来观看，还成为宣传爱国、呼唤民主的阵地。桂林师院的师生们通过“民主走廊”不但深刻揭示了国民党反动派想破坏民主革命运动的阴谋，而且通过多种多样的壁报宣传了民主进步思想，提高了师院学生的思想觉悟，使他们更加积极主动地参与革命斗争。

◎张旭阳阳

桂林师院的“护院运动”

1945年抗日战争胜利以后，桂林师院于1946年1月迁回桂林。在院长曾作忠、教务主任林砺儒以及一批知名学者、进步教师的努力执教下，师生积极参加民主运动，使得学院民主氛围愈加浓厚，影响了桂林乃至整个广西。国民党当局为了削弱桂林的民主力量，分化瓦解学生运动，1946年夏，责令桂林师院搬迁至南宁，并要求改名为南宁师院。消息一出，桂林师院师生难以接受。对于当局要求学校更名这件事情，师生认为，学校自创办以来，依托着桂林文化城人文资源不断发展壮大，学风淳朴，现要求迁校、改名，这是对学校光荣历史的不尊重。为挫败国民党当局削弱桂林民主力量的阴谋，桂林师院广大师生开展了“护院运动”。

反动势力对桂林师院的破坏

1947年2月，国民党当局教育部强令桂林师院迁往南宁，当月下旬，曾作忠院长率全院师生抵达南宁。当年5月，国民党当局教育部命令桂林师院改名为南宁师院，这激起了全院学生的强烈反抗。学生立即成立护院行动委员会，派代表到桂林广西省政府请愿，并电请国民党当局教育部收回成命。5月10日，南宁专署召开行政会议，通知曾作忠院长出席，要求制止师院学生闹事，防止共产党活动，曾作忠院长当场拒绝，抵制了专署的无理要求。

曾作忠院长从国民党当局教育部决定师院迁南宁事件中，看到了国民党当局对师院的摧残，深感政治的险恶，他在日记中写道："拟于本年内摆脱师院职务，计自1942年负责办理此校至今已前后五年，中经战乱，成绩不著，本年迁邕，此后困难更多，自问做学问之兴趣较浓厚，学校行政事体荒废……我既无旋转乾坤之力，如此下去，能免不为教育界之罪人吗？不如早让贤路为佳，辞职后拟外间教书，于人于己或皆有益，记此勿忘。"曾作忠院长于1947年7月正式向国民党当局教育部提出辞呈，回到桂林。但他依旧心系师院，他得知7月16日深夜南宁专署军警包围师院，非法拘捕教授杨荣国、张毕来和学生高言弘后，便即刻找到李任仁、黄朴心设法营救，并向省政府交涉要求放人。后又赶回南宁找到专员要求放人，未果。曾作忠到狱中探视被捕师生，告诉他们外面的营救情况以及师院决定他们的工资津贴照发。曾作忠还与专署交涉，为他们争取在狱中可以会见亲友和学习通信等方面的一些方便。在艰难的环境中，师院第三届学子毕业了。9月10日，曾作忠为他们写下毕业寄语："教育是改造人类社会的力，教育家是运用这力的人。今同学毕业于艰难困苦的时期中，当善用这力以谋中国长治久安。"曾作忠坚定的信念、殷切的希望令学子们深受感动。

⊙ 1948年5月20日，桂林师院史地系1948级同学庆祝杨荣国、张毕来两教授获释归来（校档案馆供图）

生死为之的“护院运动”

国民党当局为镇压进步的桂林师院师生反对改名，竟将国立院校原享受公费的学生的学习生活费扣住不发，师院食堂已无米下锅，学校开学、开课遥遥无期。面对这种情形，师院教授汪泽楷公开谴责道：“这是世界教育史上绝无仅有的怪事！”他在自己薪资十分微薄的情况下，尽力帮助衣食无着的学生，留他们在家中吃饭，替他们代缴学杂费。师院师生开始了以“反对更改院名，维护师院光荣历史，反对不合理待遇”为主要内容的“护院运动”，以及“反饥饿、反内战、反迫害”的爱国民主运动，并开展罢教、罢课活动。1947年5月16日，学生自治会召开全体学生大会，并且通过几项决议，其中有：致电教育部，要求收回更改院名的成命；致电行政院，要求提高师院公教人员的待遇和学生公费；从次日（17日）起罢课3天，以显示决心，要求教育部、行政院10天内答复，如果得不到解决，则继续罢课；成立学生护院行动委员会（简称护委会），在学生自治会领导下具体开展护院工作。教授会也在当天晚上举行会议，决定支持学生的运动，电请教育部、行政院按桂柳区确定教职员和学生的待遇。师院附中学生也于5月17日起罢课2天来响应师院的斗争。

在教育部、行政院不做答复的情况下，桂林师院全体学生举行无定期罢课，并再次向社会发表宣言，举行记者招待会表明斗争到底的决心。除了进一步加强对外宣传，师院学生还提出“罢课不忘学习”的口号，结合当前的实际斗争，组织全院学生开展各种形式的学习活动。如各系学会聘请教授做学术报告，举行学术座谈会，以地下党员、盟员和进步学生为核心，自愿组合二十多个社团，开展读书会、学术讨论会、时事座谈会和出版壁报等活动。

进步师生取得胜利

为了扩大“护院运动”的影响，师院护委会除了电请省参议会给予声援外，还到桂林去见了省政府主席、省参议会议长，并在桂林举行记者招待会，向外界人士陈述护院运动的目的；同时，也派出代表走访南宁当局主要官员和地方各界人士，争取各界人士的同情与支持。在南宁，先后派代表去了南宁高中、南宁师范、南宁女子师范等学校，使他们了解护院运动的正义性。正义的斗争终于得到了广泛的支持和同情。

师院的“护院运动”终于惊动了教育部，面对毫不妥协的师院热血学子，教育部不得不派督学唐惜分前来处理。他承认学生要求提高待遇是合理的，答应按照桂林的待遇（包括学生的伙食费）和西大一样；还表示将学生要求保留院名的意见转达教育部，劝学生先复课。与此同时，省政府主席黄旭初也来电表示赞同学生的要求，并愿负责向教育部和行政院力争保留学院名。中共党组织研究分析后认为，“护院运动”提出的要求，虽未完全得到解决，但也已基本解决，应适可而止。护院行动委员会在征求学生代表的意见以后，决定宣布暂时终止罢课，于6月6日复课。

这场斗争到底、生死为之的“护院运动”，最终以进步师生取得胜利而告终。“护院运动”体现了桂林师院学生宣传民主、勇于斗争的革命精神，也使桂林师院爱国民主运动更加蓬勃发展。

◎ 张旭阳阳

1932
—
2022

开展"反饥饿、反内战、反迫害"民主运动

20世纪40年代中后期，国民党统治区政治、经济危机的不断加深，造成了全国范围内的学生运动空前高涨。1947年5月20日，在戒备森严的国民政府首都南京，爆发了以"反饥饿、反内战、反迫害"为中心口号的爱国学生运动，并且迅速波及全国60多个大中城市。被称为国民党"大后方"的广西，也采取了"以桂林为重点"的斗争政策。桂林师院积极响应号召并参与其中，开展了如火如荼的"反饥饿、反内战、反迫害"爱国民主运动。

调动一切有利因素

桂林师院进步师生积极投身"反饥饿、反内战、反迫害"民主运动，学生会根据当时的实际情况，提出了与广大学生切身利益相关并需要迫切解决的"反饥饿、要饭吃""抢救教育危机""护校"等问题。随着桂林师院学子们政治觉悟不断提高，他们认识到，国民党反动派

“卖国、内战、独裁”的反动政策是造成这一切灾难的根源，要想从根本上解决这个问题，就必须停止实施这种祸国殃民的政策，实行“和平、民主、团结”的政策。于是，继“反饥饿、反内战”的斗争口号之后，“反迫害、争民主”又成为进步师生的口号。

桂林师院的青年学生根据共产党组织的一系列指示，紧密联系校内外广大进步青年、群众。师院学生通过争取校外进步青年和警察，来达到分化敌人、减弱敌人镇压运动力量的目的，从而调动一切有利

⊙ 桂林高校学生举行以“反饥饿、反内战、反迫害”为主要内容的游行（校档案馆供图）

于运动的积极因素参与“反饥饿、反内战、反迫害”民主运动。桂林师院的进步学生为了做好群众工作，进行了广泛的宣传活动，创造了一系列新的对敌斗争的宣传方式，如开展家庭访问、寄信运动、刷油漆标语等。为了提高宣传艺术，他们既注意到宣传语言的通俗化，同时也注重宣传内容和人民群众生活的直接联系。比如：用大众化的语言，编写了当时风靡一时的“反饥饿、反内战、反迫害”的新歌。他们还掌握了“适可而止”的策略原则，主动变化斗争方式。广大师院学生在同国民党反动派斗争时，有时采取罢课、游行的斗争方式，但是在特殊情况下，也会暂停游行、结束罢课。罢课、游行只是对国民党反动派进行斗争的一种手段。通过“反饥饿、反内战、反迫害”的斗争运动，民主革命思想在桂林师院广大青年学生和人民群众中广泛传播，并且达到揭露敌人、打击敌人和教育群众的目的。

联合多所学校助力民主运动

桂林师院师生不仅积极投身“反饥饿、反内战、反迫害”的民主革命运动，还联合广西其他高校、中学参与其中，共同推动广西民主运动发展。1946年12月24日，在北平发生的美国军人强奸中国女大学生沈崇的消息传到广西，广西青年学生义愤填膺。在桂林，桂林师院和广西大学联合各中学发动了抗暴宣传活动，通过出壁报、集会和上街宣传等形式声讨美帝国主义，揭露蒋介石出卖民族利益的罪行；在南宁，桂林师院南迁先期到达的一年级学生联合南宁各大中学开展声讨活动，例如出壁报、集会、散发传单、张贴标语等。一时间民主运动迅速蔓延至广西各地，广西全省学生为了共同目标走到一起，其中桂林师院在联合多所学校助力民主运动中发挥了重要作用。

随后，1947年5月桂林师院学生代表会通过决议，宣布无定期罢课，抗议国民党暴行，并且收到华北学生“反饥饿反内战联合会”的通知，把6月2日定为举行全国性“反饥饿、反内战、反迫害”罢课、游行的日子。桂林师院及师院附中学生会积极响应抗议国民党制造的五二〇血案，联合西江学院、女子师范、南宁高中、南武师范等8所学校召开南宁市中学的学生代表大会，决定发表《反饥饿、反内战、反迫害宣言》，6月2日组织全市统一罢课和游行。这一系列民主活动，不但体现了师院师生对国民党反动派暴行的愤恨之情，也彰显了师院师生敢于斗争、追求民主的革命精神。

桂林师院“反饥饿、反内战、反迫害”的民主运动，揭露了国民党反动派的陋行，使国民党反动派更加趋于孤立，加速了国民党反动派统治的崩溃。同时，桂林师院的学生通过多种方式参与民主革命，迅速获得了教员、工人和其他人民群众的支持，不仅宣扬了民主思想，还培养了先进革命力量，使人民力量更加壮大，对解放战争的顺利发展起了重要的配合作用。

◎张旭阳阳

1932—2022

南宁师院的“反黄华表斗争”

1947年初，国民党当局强迫桂林师院迁到南宁，改名为南宁师院，企图以此把它孤立起来，并削弱广西大学与桂林师院两所大学师生联合反对国民党的民主力量。但是，事实却与国民党当局的愿望相违背，桂林师院在迁到南宁以后，不但没有被孤立，反而把过去学生运动相对沉寂的南宁也带动起来。面对这种情况，国民党广西当局为了稳定局面，特派反共老手黄华表接任南宁师院的院长，想通过这个“刽子手”来搞垮师院这座“民主堡垒”。全院师生对反动力量责令停借进步书刊、处处限制学生民主活动的行径表示强烈反对，捍卫民主的运动随即展开。

与反动统治力量坚决斗争

黄华表接任南宁师院院长后，采取一系列措施镇压进步师生。如在收到学生“解决食饭问题”的请愿后，收买暴徒殴打学生、造成血案，甚至发密电给教育部，要求解散师院；停发公费、半公费生的补助，增加自费生的学费，停发教师的月薪，使师院师生处于饥饿状态；此外，他还任命心腹胡万钿为师院附中的校长，胡万钿在招生过程中徇私舞弊，这更加激怒了全校学生。

1949年上半年，南宁师院开展了“反黄华表斗争”。南宁师院民主墙上贴满了抗议的海报，南宁地方民办的报纸也揭露了这一丑闻。在抗议后，黄华表仍未收敛，全院师生反对黄华表的斗争进入高潮。全校师生宣布罢课、罢教，公开发表《告全国全省父老同胞书》，列举黄华表的种种罪行，正式提出反对黄华表的口号，并向教育部、广西当局提出申诉。

广西当局对南宁师院“反黄华表斗争”的态度模棱两可。一方面，对进步师生表示某些同情和理解，对进步师生的斗争持不予过多干涉的态度，企图借“反黄华表斗争”把特务的势力从广西挤走；另一方

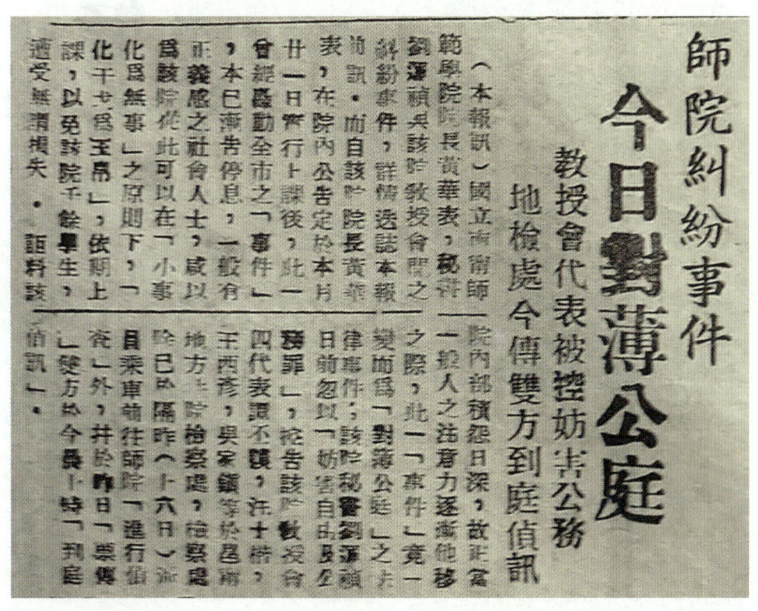

師院糾紛事件

今日對薄公庭

教授會代表被控妨害公務

地檢處今傳雙方到庭偵訊

（本報訊）國立南寧師範學院院長黃華表，秘書劉源禎與該院教授會間之糾紛事件，詳情迭誌本報前訊。而自該院院長黃華表，在院內公告定於本月廿一日實行上課後，此一曾經轟動全市之「事件」，本已漸告停息，一般有正義感之社會人士，咸以為該院從此可以在「小事化為無事」之原則下，「化干戈為玉帛」，依期上課，以免該院千餘學生，遭受無謂損失。詎料該院內部積怨日深，故正當一般人之注意力逐漸他移之際，此一「事件」竟一變而為「對薄公庭」之法律事件；該院秘書劉源禎日前忽以「妨害自由及公務罪」，控告該院教授會四代表譚丕模，汪士楷，王西彥，吳家鎮等於邕甯地方法院檢察處，檢察處除已於隔昨（十六日）派員乘車前往師院「進行偵查」外，並於昨日「票傳」雙方於今晨十時「到庭偵訊」。

⊙ 南宁师院教授会代表与黄华表等对簿公堂（校档案馆供图）

面又害怕民主力量壮大影响其统治。最后，广西当局以“操纵学生运动”的莫须有罪名，把师生最尊敬的谭丕模、谢厚藩、王西彦、汪泽楷四位进步教授解聘并“礼送”出省。进步师生考虑到如果采取直接抗议挽留的做法，一来起不到什么作用，二来还会刺痛广西当局，因此，师生们采用以集中打击黄华表来揭露国民党反动面目的做法。第五位被解聘的是杨荣国教授，在他离校的时候，进步师生组织举行了盛大的送别游行。全院1000多人的师生队伍从师院送到南宁汽车站，一路高呼“反黄华表、反独裁专制、反迫害”的口号，并把当时流行的“古怪歌”等进步歌曲谱上反黄华表、反独裁专制、反迫害的内容，沿途高歌，使这次送别教授离校的行动变成了一次盛大的反黄华表、反专制独裁、反迫害的游行示威。 1932 — 2022

经过一系列的较量，黄华表等反动人物已经失尽人心，广西当局、国民党当局教育部已经同意撤换黄华表等人。在这种情况下，中共党

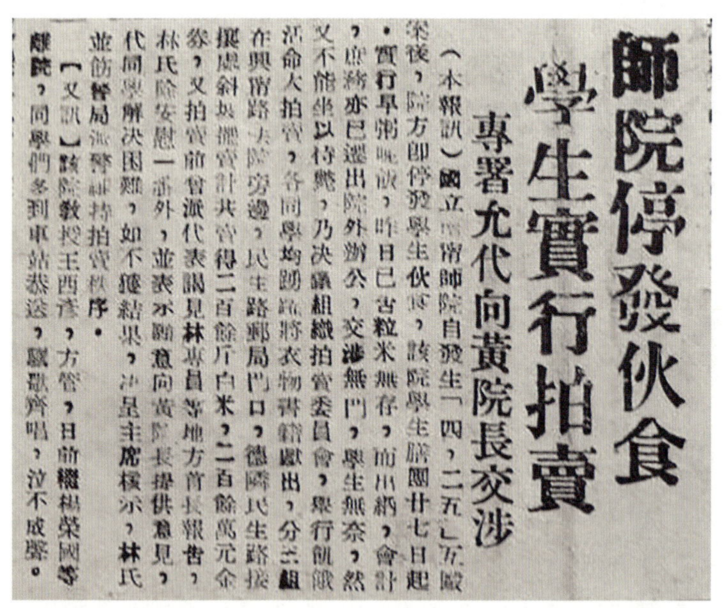
師院停發伙食
學生實行拍賣
專署允代向黃院長交涉

（本報訊）國立南寧師院自發生「四，二五」互毆案後，院方即停發學生伙食，該院學生膳團廿七日起・實行早粥晚飯，昨日已告粒米無存，而出納，會計，庶務亦已遷出院外辦公，交涉無門，學生無奈，然又不能坐以待斃，乃決議組織拍賣委員會，舉行飢餓活命大拍賣，各同學均踴躍將衣物書籍獻出，分三組在興寧路去院旁邊，民生路郵局門口，德鄰民生路接壤處斜坡擺賣計共賣得二百餘斤白米，二百餘萬元金劵，又拍賣前曾派代表謁見林專員等地方首長報告，林氏除安慰一番外，並表示願意向黃院長提供意見，代同學解決困難，如不獲結果，決呈主席核示，林氏並飭警局派警維持拍賣秩序。

【又訊】該院教授王西彥，方管，日前繼楊榮國等離院，同學們多到車站恭送，驪歌齊唱，泣不成聲。

⊙ 南宁师院进步师生在报纸上发表《师院停发伙食，学生实行拍卖》(校档案馆供图)

组织立即与学生自治会联系，与教师商量，组织学生及时恢复上课。这一措施既满足了学生不荒废学业的愿望，得到了社会的同情与支持，又堵住了反动派借机镇压的企图，更重要的是使地下党的工作得以全面转入迎接解放的准备工作中。

联合校外力量扩大民主运动

“从来不是学生关门单干”是南宁师院师生开展学生运动所遵循的基本策略。南宁师院学生每一次开展声势较大的运动和斗争，都会在校外进行广泛的宣传，有计划有重点地向社会人士做工作，争取他们的同情和支持。

在“反黄华表斗争”中，南宁师院学生也采取了同样的策略。当黄华表对学生“解决食饭问题”的请愿置之不理时，师院分别派代表

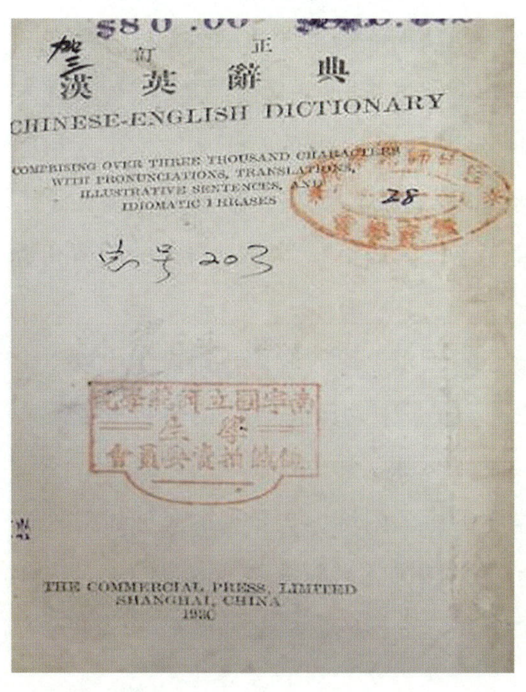

⊙ 现今广西师范大学图书馆藏的《汉英辞典》扉页有“南宁国立师范学院学生饥饿拍卖委员会”印章（谢婷婷摄）

師院事件入新階段

黃院長電請解散學院

⊙ 黄华表电请解散南宁师院（校档案馆供图）

到南宁和桂林走访上层人物和社会人士，通过这些代表走访宣传，使社会人士了解学生运动的正义性，从而取得了广西一些上层人物和一些社会人士的同情和支持。在学生即将断粮的时候，师院派代表到南宁专员公署去要求解决，得到一批大米。与此同时，师院学生还举办“活命大拍卖”“活命公演”等，以此方式进行宣传和募捐，得到了广大群众包括一些政府官员、商店老板、店员、学生、居民的同情和赞助。

面对黄华表擅离职守、故意不到校上班的诡计，师院学生以学生会的名义发表《告社会人士书》，在《中央日报》《广西日报》上发表寻找黄华表启事，敦促他回校工作。师院学生积极与外界联系，不仅获得了外界的帮助，解决了学生的生活困难，更重要的是通过对外宣传活动，使各阶层人民深刻感受到国民党当局反动统治下学生是怎样挨饿的事实，了解到黄华表到底是怎么样的人，从而彰显了学生进行反抗的必要性和“反黄华表斗争”的正义性，为师院民主斗争的胜利争取了最大程度的社会支持和援助。

不懈斗争终取胜

轰轰烈烈的“反黄华表斗争”不仅震动了广西当局，而且也震动了国民党当局，教育部派专人来与广西当局和黄华表商议此事，多次妄想挽回但于事无补，最后不得不叫黄华表引退，黄华表无可奈何地向教育部递上了辞呈。

5月7日，黄华表辞职的消息在师院公布了，全院师生员工无不欢欣鼓舞，历时五个月的“反黄华表斗争”，终于以敌人的彻底失败、党和人民群众的完全胜利而结束。

南宁师院进步师生为了反对黄华表的独裁专制，取得民主运动斗争的胜利，顶住了饥饿苦难和反动当局的迫害，在困境中仍然坚持宣扬民主，守护正义。在这场斗争中，有很多学生和工友受伤，但他们毫不畏惧。为了揭露黄华表的真实面目，打破反动势力的统治，师院

師院學治會 歡迎新院長

【本報訊】國立南甯師範學院院長黃華表，因一切措施反常，不爲該院師生歡迎，因而自動辭職後，教育部已另聘陳一百氏繼長該院，消息經誌昨日本報，茲悉該院學治會聆訊後，昨曾通電表示熱烈歡迎，電文中并希望陳氏早日蒞院主持院務云。

⊙ 师院学生自治会欢迎新院长陈一百（校档案馆供图）

学生将血案的真相印成传单，公布于众，社会人士也都为师院学生主持正义。“反黄华表斗争”的胜利，不仅使得南宁师院的党员和师生在这场斗争中得到历练，同时也在南宁师院民主运动史上留下了光辉的一页。

第四章

投身革命浪潮 坚持英勇斗争

◎蒙家儿

湘江战役后广西师专学子寻找党组织的曲折历程

1934年11月下旬，为突破敌人第四道封锁线，中央红军在广西桂北地区湘江上游同国民党苦战五昼夜后强渡湘江，此次战役被称为湘江战役。它粉碎了蒋介石围歼中央红军于湘江以东的企图，是中国革命史上事关中央红军生死存亡的关键一战。湘江战役中，红军付出了极为惨重的代价，伤亡人数众多，因伤掉队无法与党组织联系的情况也有发生。广西师专的部分进步学子为了更好地投身革命、追寻党组织的足迹，机智地与敌人展开周旋，一腔热血地踏上了追随红军战士、寻找党组织的征途，为师专学子树立了榜样，激发了他们真挚的革命热情，引领着更多的师专学子积极寻找党组织，投身革命事业。

被广西当局严密监控

追随红军战士、寻找党组织的征途并不是一帆风顺的，师专学子经历了漫长、曲折的过程，方才找寻到党组织。虽有失败的经历，但广西师专学子仍毫不犹豫地踏上追寻之路，奔赴革命事业，为师专进步学生联系党组织、重建广西党组织提供了精神力量、奠定了队伍基础，用行动传递了师专学子的革命力量，表明了坚定的革命立场。

1934年底，湘江战役打响，广西当地越来越多的民众、学生主动投身革命运动。广西当局统治者听闻红军在桂北活动的消息后，为防止广西师专学子同红军产生联系，广西当局立即决定将广西师专第一届即将毕业的学生调往南宁，从而阻断师专第一届和第二届学生与红军之间的联系。实际上，广西当局是假借训练之名来拖延师专第一届学生，对他们进行洗脑，企图同化他们的思想，日后为自己所用，并不断向师专学生灌输所谓的“正义”“真相”“事实”等话语，以期收获一批人才，不断壮大自己的队伍。因此，师专学生想要找寻红军足迹的行动遭到了广西当局的重重阻挠。

在训练期间，广西当局并没有提出明确的训练时间、内容、形式等，只是强调师专学生一定要进行训练，任何人不能随意离开。同时，为了能够迷惑、拉拢师专学生，广西当局派遣了王公度等人前来说教。

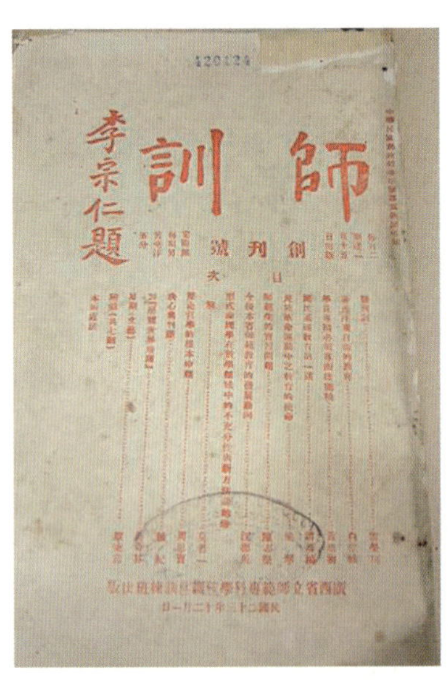

⊙ 1934年广西师专调邕训练班编印的《师训》(谢婷婷摄)

王公度是白崇禧与李宗仁的得力助手，善于辞令，迷惑了部分师专学生。但师专进步学生并没有被王公度等人的说辞迷惑和征服，相反，他们心系党组织命运安危，时刻将杨东莼校长和其他进步教师的教诲牢记在心中，坚定革命信仰。

以刘敦安为代表的师专第一届进步学生看清了局势，也明白广西当局拖延他们毕业时间的原因与目的。于是，他们带领同学寻找解决方法，其间还不忘时刻提醒同学，让他们不要上当受骗。此时，刘敦安进一步看清了广西当时的形势，并根据形势团结梁寂溪等进步学生采取行动，及时向教育厅厅长反映师专学子被困在南宁的真实情况，得到教育厅厅长的支持，并承诺让师专第一届的大部分学生及时毕业并分配工作。以刘敦安为代表的进步师专学生精准把握局势，成功粉碎了广西当局企图挑拨师专学子与党组织及红军的关系、分裂师专进步和团结力量等方面的阴谋诡计。

秘密救助湘江战役掉队红军战士

湘江战役后，广西当局对中国共产党的围追捕杀愈加严后，对革命、民主运动开展得如火如荼的师专更是步步紧逼。即便如此，师专进步学子在勇敢投身革命事业、开展斗争运动的过程中仍然积极寻找红军的足迹，试图通过各种渠道找到红军，期望能通过红军与党组织取得联系。

师专进步学子在学习马列主义后对社会、时局、革命有了更加清醒、深刻的认识，进步思想在他们当中传播开来，他们对革命的热情愈加高涨。1934年，杨东莼校长被迫离校，进步学子们在震惊之余很快冷静下来，沉着应对，更加努力学习马列主义。黎霞煊、刘鸿珍（张华）、黎培龄（黎锦若）三人成立学习小组，研读社会科学方面的书，深入研究中国革命。黎培龄更是在阅读进步文章后执笔写了《中国向何处去》。就是在这样的环境下，他们下定决心寻找党组织。

⊙ 广西师专碧云湖（校党委宣传部供图）

1934年夏，生活指导主任朱克靖、校长杨东莼受到白崇禧、王公度等人的监视与陷害而先后被迫离开学校，进步师生对此感到愤懑与难过。当时校内没有建立党组织，无法联系党组织，当师专进步学子听说红军长征经过桂北时，为了能够及时与党组织联系，产生过跟随红军参军的想法，但那时全校学生都被国民党监视起来，无法出去。

1934年冬，师专学生听说学校附近来了一个叫花子打扮的人，此人是跟随红军的老百姓。许多学生都好奇地跑出去查看和询问情况，其中黎霞煊、刘鸿珍、黎培龄、叶长燊四人就在学生队伍中。黎霞煊等人根据他的口音，以及看到他熟练地介绍与解答关于苏区情况问题时，认为他不是一般的老百姓，便将他收留安置在学校附近李家村的祠堂里，并将之改姓为"李"，此后一直叫他小李，目的是争取村民的同情，同时四人想尽办法为他解决生活及医疗问题。由于当时黎霞煊等几名学生家境贫困，没办法给他提供伙食，因此黎霞煊等人每次吃晚饭时都会故意留在最后，小心地把饭堂里其他学生吃剩的饭菜用口盅藏起来，趁晚饭后散步的时机拿出去给小李吃，接着又细心为小李进行医治与照顾。小李见黎霞煊等人对他真情实意，便将他是共产党员的身份告诉他们，他原是中央苏区首长的勤务员，后下部队当班长，湘江战役中因受伤而掉队。学生常常于晚修后翻墙到小李处详细了解苏区情况及政策，跟他学唱革命歌曲。当学习《国际歌》，唱到“起来，饥寒交迫的奴隶……”时，学生心潮澎湃，坚定了追随红军战士、寻找党组织的决心。待小李痊愈后，他们决定立即追随小李到江西去寻找红军和党组织。

追随红军战士、寻找党组织

1935年7月，广西师专放暑假的第二天，黎霞煊、刘鸿珍、黎培龄三人（叶长桑因临时接家中来电说父亲病危没有去）写好了休学申请书，预先寄给县内的朋友，请他们在下学期开学前寄给学校，然后毅然决定追随红军战士小李奔赴江西寻找党组织（从小李处得知红军长征后有一部分坚持在赣南开展工作）。

在寻找红军队伍与党组织的过程中，他们曾经历饥寒交迫之苦与跋山涉水之难，但他们从来没有任何怨言和轻言放弃，反而更加坚定了对中国共产党的信仰。为了防止被敌人和同学发现，他们先是分头离开，沿途继续收集关于红军与党组织的信息，依次经过永州、湘粤边界等地。他们原本以为只要咬牙坚持下去，就能找到党组织。可在他们经过湖南到江西的路途中被国民党反动派发现，并被抓起来关押。在被关押时，黎霞煊等三人面对敌人的恐吓与威胁，始终不向反动派屈服，并坚信黑暗终会过去，也做好了为革命事业牺牲的准备。后来因为反动派没有从黎霞煊等人身上找到证据，定不了罪，黎霞煊等人就写了申诉报告。但是，报告递交之后一直没有动静，接着黎霞煊等人又被转移到大余县的监狱。在那里，黎霞煊等人继续面临着反动派的恐吓与威胁，比如让黎霞煊等人做好写遗书的准备，遭受其他狱友的折磨与虐待。在大余县的监狱住了一个多月后，他们又被反动派转移到广州集中营再次关押与审讯，小李被押解回兴国原籍释放。经历了多次的恐吓与折磨后，黎霞煊等人的态度依然是积极乐观的，如在狱中他们还讨论过出狱后改名的事情，而被关押期间他们没有背叛红军战士小李，更没有背叛党组织，在经历重重艰难险阻后，黎霞煊等人才被释放出狱。

黎霞煊、刘鸿珍、黎培龄三人追随红军战士寻找党组织的过程虽然历经磨难且最后以失败告终，但值得肯定的是他们坚持不懈、不怕困难、勇往直前等精神品质，他们用行动证明了誓死追随红军和党组织的信念与决心。

在那个艰苦的斗争环境中，面对国民党当局的镇压、外来势力的打压，广西师专学子始终满腔热忱，用实际行动积极向党组织靠拢，逐一击破敌人的阴谋，坚守对党的忠心，热情地投身革命事业。即使遭受到反动势力的威胁、恐吓和残酷折磨，他们也没有透露半点消息，守住了党的秘密。出狱后，他们继续寻找党组织，1937年刘鸿珍加入中国共产党，1941年黎霞煊加入中国共产党，继续投身革命。

黎霞煊、刘鸿珍、黎培龄三名广西师专学子在湘江战役后积极寻找党组织的事迹让师专在校学生在精神上得到极大的鼓舞，在思想上受到高度启发。广大师专学生以他们为榜样，更加努力学习马列主义，寻找党组织，并积极参与到革命事业中去，与反动势力继续做斗争。

助力重建
广西各地党组织

20世纪30年代初，以李宗仁、白崇禧为首的桂系军阀加紧对广西党组织进行搜查与破坏，广西党组织迅速隐蔽起来，谨慎地进行秘密地下工作。特别是1933年左江、右江广西党组织受到严重破坏，广西党组织之间的联系陷入日渐中断的局面，处于高度隐秘状态。

1936年1月，广西师专第一届学生刘敦安、梁寂溪、凌焕衡历经重重困难最终加入中国共产党，在党组织的领导下进一步开展革命斗争，重建广西各地党组织，使广西党组织逐渐得到恢复，并与上级党组织取得联系。其中，得到恢复和重建主要有龙州、梧州、南宁、桂林、融县（今融水县）、柳州等地的党组织。

重建龙州、梧州党组织

俗话说，万事开头难。广西师专第一届毕业的学生代表刘敦安最初寻找党组织的道路也是如此。刘敦安信念坚定，在校期间就产生了加入党组织的愿望，但当时广西师专没有党组织，又因杨东莼校长受到白崇禧等人威胁无奈辞去了校长职位，随后许多进步教师陆续辞职，所以他的愿望没有办法实现。面对国内外严峻形势，刘敦安联系党组织、加入中国共产党的愿望变得更加强烈。

1934年，刘敦安等第一届师专学生本应按时毕业分配工作，由于广西当局在分配工作时故意刁难，他迟迟没有得到分配，为此他更加坚定了寻找党组织的决心。在多次打听、询问无果后，他意识到单依靠个人力量找寻党组织是远远不够的，于是积极主动地联系了进步同学梁寂溪、凌焕衡二人，向他们表达自己想找中国共产党的想法。三人在此过程中相互商量、讨论当下形势，终于辗转在香港找到了广西籍党员陈勉恕。1936年1月，在陈勉恕的介绍下刘敦安、梁寂溪、凌焕衡三人加入了中国共产党。他们在陈勉恕的指导下认真分析革命形势，前往广西各地参与重建和恢复党组织的工作，不断壮大党员和革命队伍，使得广西各地党组织的工作逐渐活跃起来。

他们先是回到龙州区国民基础师范学校建立了党支部，开展党建与革命活动。在那里刘敦安与梁寂溪、凌焕衡带领进步学生积极开展党组织建设和斗争的活动，刘敦安担任支部书记，而后龙州区国民基础师范学校改为龙州区民团干部学校。他们在龙州活动期间积极讨论关于革命的问题，敢于与一切反动势力做斗争，并支持发展当地的教育。他们与龙州当地的开明人士开办了一所补习学校，同时也继续进行发展党员的工作。为了进一步开展广西党组织恢复与重建工作，方便日后与各地党组织进行工作联络，梁寂溪根据刘敦安的安排与推荐转到梧州开展革命工作。刘敦安深知重建党组织工作的难度，就介绍徐敬伍去指导梁寂溪，最终在梧州市苍梧县成功建立了苍梧县委，梁寂溪任书记，在梧州继续开展革命工作、发展党员，由此两地之间的党组织得到恢复，组织之间的联系也得到进一步加强。

以刘敦安、梁寂溪、凌焕衡等人为代表，重建龙州、梧州党组织的工作由最初无从下手发展为逐个得到恢复和建立，再到后来各项工作得到顺利进行，师专的进步学子在其中发挥了重要作用。龙州、梧州两地党组织的恢复与建立，壮大了广西党组织的力量，为重建各地党组织发挥了引领作用，同时影响了更多的广西师专进步学子投身革命事业。

重建南宁、桂林党组织

1936年，广西民团干部学校（校址在南宁西乡塘）在南宁成立，刘敦安与凌焕衡等前往南宁，开始在南宁地区进行革命工作，着手准备在南宁重建党组织的工作。在南宁进行革命工作期间，为了能顺利接收各地党组织的消息和躲避敌人的追查，刘敦安与他的爱人李毓莲以及凌焕衡和他的爱人张瑶华在不同的地方租房子，以此作为革命和建立党组织工作的秘密联络站点，在那里他们根据党组织的指示开展油印秘密文件、传单等活动。此外，为继续壮大党组织的队伍和传递革命火苗，刘敦安先后介绍并发展了广西师专第一、第二届的一批进步

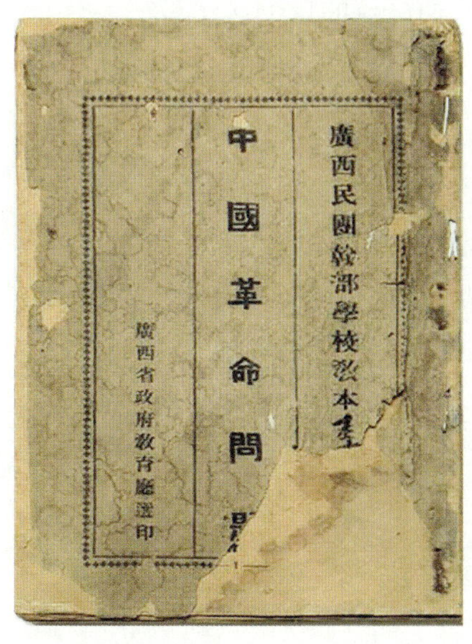

⊙ 广西民团干部学校使用的教材——《中国革命问题》（校党委宣传部供图）

学生入党，他们团结了一大批师专学子并肩战斗，为广西革命事业以及党的建设工作贡献了进步的青春力量。

在刘敦安等党员的影响下，更多的师专进步学生相继在广西各地接力开展革命工作，其中以陶保桓、曾世钦等为主要代表。刘敦安发展陶保桓、曾世钦等一批进步学生入党后，他们热情地加入发展与重建党组织的队伍。1936年8月，陶保桓在刘敦安同志的介绍下加入了中国共产党。同年9月，广西省会从南宁迁回桂林，当他知道桂林党组织遭受过破坏一直没有恢复与正常运转后，他积极响应党组织的安排指示并受命担任支部书记，重新开展桂林党组织的重建工作，在他和曾世钦的不懈努力下，中共桂林党支部得以重建，广西各地党组织之间的联系进一步密切起来。

为了防止新建立的桂林党支部再次被敌人发现并扼杀，陶保桓决定将党员队伍力量继续壮大。该怎么壮大队伍？面对现实困难，陶保桓没有退缩，他立即联想到先前与他一同毕业的广西师专的同学以及当时广西师专校内的其他进步学生、桂林其他学校的进步学生。因为他之前是“反帝反法西斯大同盟”的创建者，所以凭借这个优势，他在广西师专发展进步学生入党的工作比较顺利。因为在广西师专发展了一批党员，所以他与曾世钦建起了广西高校的首个党支部。

后来广西师专并入广西大学成为文法学院，陶保桓继续在广西大学文法学院开展发展党员的工作，他介绍和发展了李殷丹、路璠等入党，成立了党支部，支部书记是曾世钦，组织委员是路璠，宣传委员是李殷丹。此外，为了能够吸纳更多的仁人志士加入党的队伍，陶保桓冒着被敌人发现的危险，常常在学生、市民中来回穿梭，向他们宣传党的先进思想理论。在他的推动下，桂林地区的党组织工作基本得到恢复。广西师专进步学生中加入党组织的人越来越多，南宁、桂林作为地下党工作的重要地区，革命和党组织工作得以逐步恢复，广西革命事业进一步发展。

⊙ 广西师专1935级学生路璠（校党委宣传部供图）

重建融县、柳州党组织

陶保桓在桂林等地进行党组织建设活动时，没有忘记养育他长大的家乡融县，没有忘记家乡的父老乡亲。他时刻关注着家乡的动态，在了解家乡党组织建设的基本情况后，他迅速指派师专学生党员刘鸿珍到融县发展党员，恢复和建立党组织。刘鸿珍（张华）以小学教师身份在融县开展党建活动，随即建立起融县第一个党支部，支部成员共有4名，刘鸿珍任支部书记，其他党员分别是张华、胡丽榴、黄吉士。

1937年七七事变爆发，融县支部内部的成员们因为各种原因被分散，中共融县党支部的活动遭到破坏。随着抗日战争高潮的到来，为积极响应党组织号召，路璠与其他融县支部党员又回到融县继续开展革命工作。路璠等人回到融县后，为了不被敌人发现自己的身份，他们和刘鸿珍一样，以小学教师的身份为掩护开展发展党员、革命斗争等工作，宣传爱国、革命、民主、进步的思想。许多爱国青年受到影响，纷纷投身党的革命事业，使得支部党员人数逐渐增加。同时，融县与各地党组织的交往与联系更加密切，革命的形势逐步向好发展。

1937年3月，广西当局加大对共产党员的搜查抓捕力度，由于担心陶保桓身份暴露，中共广西省工委决定委派陶保桓回柳州工作。为了能够使柳州党支部的组建工作更好地开展起来，陶保桓利用柳州中学教师的身份来发展、培养党员，先后在柳州中学等学校发展了10多名学生党员。在柳州中学开展工作期间，陶保桓尽心尽责地将进步教师团结起来。同时，与陶保桓同届的广西师专进步学生也在共同开展党员工作，如汤有雁、路璋等人。陶保桓注重理论与实践的结合培养，积极利用课堂内外时间和当时有影响力的书刊来宣传进步思想。不久后，陶保桓就在柳州中学内建立起中共柳州支部，陶保桓任支部书记，柳州的革命工作逐步运转起来。陶保桓在柳州的工作特别有成效，他在收获赞许的同时，也被敌人紧盯着。1937年8月31日，陶保恒在柳州中学被捕入狱，后英勇牺牲。

以刘敦安、梁寂溪、凌焕衡、陶保桓、路璠等为代表的广西师专进步学生为重建广西各地党组织贡献了青春的力量，哪怕面临生命威

⊙ 1937年陶保桓在柳州中学任教时与学生合影（来源：中共柳州市委党史研究室编的《中国共产党柳州历史画册 1921—1949》，2007年广西人民出版社出版）

胁，他们也毫不畏惧，决心将革命事业进行到底。他们的精神品质与英雄事迹激励了一大批广西学子（含师专学子），在当时社会各界引起了很大的反响，使广西各地的进步学生、群众受到思想上的启发，纷纷追随党的足迹，投身斗争。

◎朱瑞雪

1932

—

2022

广西学生军在战火中谱写青春之歌

20世纪30年代，全国各地抗日救亡运动蓬勃发展，大批军民投入抗日战场。在广西的抗日队伍中，有一支队伍较为特殊——他们有的是在校大中学生，有的是失业失学的社会青年，有的是辞掉工作的教师和机关职员，有的是千里迢迢回国的华侨……虽然他们的来历背景各不相同，但都投身于抗日救亡的洪流中，他们有一个共同的名字——广西学生军。

1936年6月，广西师专发起组建学生军的倡议，广西当局于是组建了第一届学生军，从事抗日救国宣传。1937年10月，全国抗战的局面已经形成，广西出兵抗日前线，已并入广西大学文法学院的原广西师专学生参加了学生军，随军做宣传动员群众的工作。这一届学生军转战于鄂、豫、皖前线，后来不少人加入了党组织和新四军。抗战时期的广西学生军是一支全国闻名的队伍，他们在开展抗日救亡工作的同时肩负传播马克思主义的任务，成为中国抗战青年的一面旗帜，爱国学生运动中的一支劲旅。

发起倡议组建广西学生军

广西学生军的建立，是历史的产物，是当时特定社会时代背景下的产物。日本帝国主义对我国的疯狂侵略，激化了中日民族矛盾，全国各族人民的爱国之心凝聚在一起，发出了震撼山河的怒吼。1931年9月18日，日本制造了震惊中外的九一八事变，中国大地自此开始被战火的硝烟笼罩，万里山河哀鸿遍野。九一八事变之后，日军的残暴行径激起了中华儿女的强烈愤慨，中日民族矛盾上升为主要社会矛盾，全国抗日救亡运动热情高涨。此时，中国共产党面对民族危亡，提出“抗日民族统一战线”的主张，号召停止内战，一致对外御侮。

广西地处祖国南疆，南临北部湾，西南接壤越南，地势险要，自古以来就是军事要地，同时广西人民素有抵御外侮、保家卫国的光荣传统。抗战开始后，中国东部和东北部大片国土相继沦陷，随着抗战形势的不断发展，广西的战略位置也显得日益重要起来。

1936年5月底，广西省政府发出全省动员令，饬令全省大、中、小学校由6月1日开始停课，分别到民间宣传抗日。5月30日晚，广西师专礼堂高挂着几盏大汽灯，校长郭任吾集合了全体学生宣读广西北上抗日动员令。动员大会后，师专全校300多名学生组成一个大队，下分6个中队，18个小队，54个小组，每组宣传员4人或5人，到广西与贵州、云南相邻的18个县宣传抗日救国。

6月中旬途经南宁时，师专学生当即发起组织学生军的倡议，并向当局呈报《师专学生组织学生军请愿书》。不久，请愿书得到省政府批准。6月27日，由广西学生抗日救国联合会和广西师专学生发起组织的“中华民国国民革命军广西抗日救国学生军”（亦称广西第一届学生军）在南宁成立，共招收700余人，其中女生60余人。学生军成立大会那天，师专的学生举起广西抗日救国学生军的旗帜，借《民国日报》刊登了整版广西抗日救国学生军成立大会专刊。6月28日，经过短暂培训后的学生军开赴桂林，后分赴湘桂边、粤桂边、黔桂边等地从事

六一運

師專學生組織
學生軍請願書

為呈請准予組織學生軍，俾參加前線工作事。竊總副司令，集中抗戰主張，實為中華民族救亡圖存之最後一著，亦即全國民衆之一致要求。在此偉大民族解放鬥爭之下，熱血青年，亟應從速奮起，慷慨從戎，以增強抗日救國之力量，而促進民族解放之完成。為此生等奉令宣傳綏邕，即擬發起組織學生軍，業經開會徵求意見，旋有志願參加者八五人，理合繕具志願參加學生軍名單，隨文呈報察核，准予組織，即發給全副武裝，俾得正式成立，并乞通電本省各地學生團體，熱烈自動組織學生軍，以增強民族革命力量，而期抗日救國早日完成，如何之處，敬請指令祇遵。謹呈。

⊙《师专学生组织学生军请愿书》发表于1937年《六一抗日运动纪念特刊》(校党委宣传部供图)

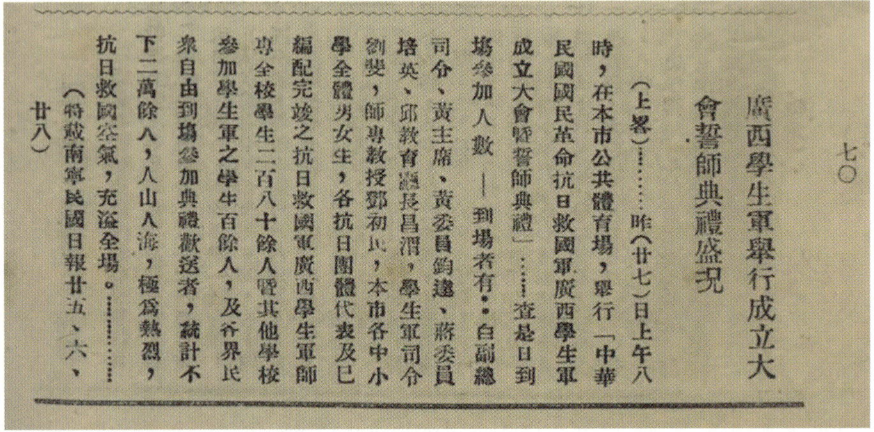

七〇

廣西學生軍舉行成立大會誓師典禮盛況

（上略）……昨（廿七）日上午八時，在本市公共體育場，舉行「中華民國國民革命抗日救國軍廣西學生軍成立大會暨誓師典禮」……查是日到場參加人數——到場者有：白副總司令、黃主席、黃委員鈞達、蔣委員培英、邱教育廳長昌渭，學生軍司令劉斐，師專教授鄧初民，本市各中小學全體男女生，各抗日團體代表及已編配完竣之抗日救國軍廣西學生軍師專全校學生二百八十餘人暨其他學校參加學生軍之學生百餘人，及各界民衆自由到場參加典禮歡送者，統計不下二萬餘人，人山人海，極為熱烈，抗日救國空氣，充溢全場。……

（轉載南寧民國日報廿五、六、廿八）

⊙ 广西学生军举行成立大会誓师典礼，280余名师专学生编入广西抗日救国学生军（校党委宣传部供图）

抗日救国宣传。9月，六一事变宣告结束，第一届学生军解散，广西师专也被撤销，并入广西大学，成为其中的文法学院。

1937年7月卢沟桥事变发生后，日军大举向我国进行全面军事进攻，全面抗战开始。在全省人民要求出兵抗日，特别在广大青年学生迫切要求上前线参加抗战的形势下，10月12日，广西当局决定组建第二届学生军，以奔赴武汉、安徽配合第五战区工作。

组建学生军的告示一经公布，广大爱国学生争相投笔从戎，数日内报考者5000多人。他们来自社会各阶层，有官宦子弟，有工农子弟，有大学生及中学生，有中共党员和国民党党员。中共广西党组织认为，广大青年学生的爱国热情纯洁可嘉，要求在各大、中学校读书的中共党员参加学生军，利用学生军这一合法组织到前线去教育士兵和动员人民群众，增强抗日力量；要求共产党员在团结抗战的先锋模范行动中，扩大党的政治影响，带动青年学生走向进步，从中培养出一批有革命觉悟和斗争经验的干部。经过选拔，最终有300人被录取，其中女生130多人，中共党员10人。

1937年11月初，第二届广西学生军在桂林李家村正式组建，组编为1个大学生队和2个中队。大学生队由广西大学文法学院（原广西师专）社会、文学两个系37名应届毕业生组成。学生正值毕业之时，广西的国民党右派认为他们思想“左”倾，不宜留在省内，强令他们参加学生军以遣散于省外。右派的调虎离山之计歪打正着，反而偿了大

⊙ 第二届广西学生军（校档案馆供图）

学生的报国夙愿。经过一个多月的短期集训后，12月14日，桂林各界群众2万多人在体育场热烈欢送学生军出征。在高亢激越的抗战歌声中，300多名学生军义无反顾地奔赴抗日最前线，转战鄂、豫、苏、皖等省宣传抗日，组织动员群众支援前线，护理伤员，安置难民，并与前方将士浴血并肩战斗。1939年10月，新桂系当局害怕学生军“赤化”，决定将其解散。

传播进步思想的宣传队

广西学生军是抗日战争时期“全国仅有的”一支“兼军事政治两者而有的特殊队伍”。这支队伍就像一个宣传队，无论是在广西省内还是在省外，无论是学生军内部还是学生军经过和工作的地方，总会推动越来越多的人关注、赞同党的政策主张及马克思主义，从而走近或加入中国共产党的行列。广西学生军也像一台播种机，在他们走过的地方都播下抗日救亡的火种，播下马克思主义的种子，进而唤醒和组织了广大群众参加到抗战中来。

第一届广西学生军的主要任务是到广西各地宣传抗日，学生军每到一处，都会积极开展各种形式的宣传。他们宣传中国共产党关于建立抗日民族统一战线进行抗战的方针政策，宣传持久战思想，极大地鼓舞了群众的抗日热情。学生军曾获当局政府批准成立一个宣传队，分为文字宣传组、口头宣传组、演剧组、漫画组、歌唱队，各成员根据自己的特长和爱好自愿报名参加。宣传队员通过大众传播、群体传播和人际传播的渠道把抗日主张以多种形式传播到田间地头、街头巷尾，向群众揭露和控诉日寇的暴行，披露沦陷区和战区人民遭受的灾难与痛苦，宣传全国军民英勇抗战的事迹，激发了人民群众抗日救亡、保家卫国的热情。

在群众接受抗战教育且愿意接近广西学生军的基础上，他们组织群众成立歌咏队，教唱抗战歌曲，开设群众俱乐部、救亡室，还举办扫盲识字班、读书会等，在学习中宣传抗日救亡的道理。学生军通过宣扬精神口号、唱歌、演戏剧、出壁报、画漫画、写大标语、进行家庭访问、慰问群众、开联欢会等多种宣传形式，充分发挥了青年学生的宣传能力与创造力。尽管第一届广西学生军存在时间很短，但其抗日救国宣传在一定程度上唤醒了全省各阶层民众的民族意识，点燃了抗日救亡的火焰，为广西民众参与抗日救亡做了初步动员。

第二届广西学生军停留在武汉的一个多月里，除了听报告、学习讨论外，还积极参加了“保卫大武汉”的示威游行和抗日宣传。游行之日，广西学生军全身戎装，由几十个身体健壮的男女学生身缠子弹带、腰别驳壳枪，英姿勃勃地踏着整齐的步伐在前领队。游行队伍延绵数里，一些从东北、华北流亡到武汉的青年学生和百姓也自动加入。声势浩大、高亢激昂的反侵略示威大游行，大大振奋了武汉三镇人民的抗敌情绪，也扫除了自上海、南京沦陷之后一些人存在的悲观、失望情绪。

广西学生军告别武汉后，经河南信阳到潢川，至安徽的六安和田

⊙ 1937年12月28日，广西学生军到达武汉后邀请马哲民演讲（来源：《桂林日报》2015年7月15日《十一张老照片，讲述广西学生军北上抗日史》）

家庵。在安徽，广西学生军更是卓有成效地开展抗日宣传，积极传播马克思主义，这一时期安徽大别山敌后抗日运动开展得轰轰烈烈，吸引了华中地区各省的流亡学生和进步人士到达该区。这一幕使得国民党顽固派大为惊恐，诬蔑“大别山被赤化了”。在广西学生军的影响下，广大群众的革命热情空前高涨，中国共产党的政策主张被越来越多的群众接受，马克思主义的思想也获得广泛传播，因此广西学生军深受社会各阶层人士的欢迎，被赞誉为“既是宣传队，又是工作队，又是战斗队”。

为党锻炼和造就人才

广西学生军从组建到解散虽然只有短短的几年时间，但是，广西学生军在其活动的开展过程中较为广泛且深入，加上有中国共产党的领导，广西学生军在抗日救亡运动中产生了深远的影响。

深入城镇和乡村广泛开展抗日救亡宣传工作，激发了群众的抗日救国热情。一方面，广西学生军面向群众开展演讲、张贴漫画、举行歌咏演奏等活动，使群众对战争有了一定的思想和组织准备。在了解到前线物资不足的情况时，数万名民众应征组成运输队，把粮食、弹药运送到前线，充分保障了前方战士的后勤补给。群众踊跃参加支前工作，有力地支援了我国军队的抗敌斗争。另一方面，广西学生军在一定程度上对农民、工人、士兵进行了文化普及，以中国的话语阐述马克思主义世界观，让人民群众切实感受到马克思主义的思想伟力，为马克思主义的广泛传播打下了群众基础。

积极开展战地宣传和服务工作，配合部队作战，有力地支持了前线抗战。第二届广西学生军在第五战区前线，利用各种形式宣传、动员群众，慰问部队，救护伤员，担负交通，搜集情报等，积极投入战地服务工作。哪里有战斗，哪里就有学生军的身影。为了提高军队的战斗士气，广西学生军成员还深入战壕同士兵并肩作战，共同打击敌人。

为中国共产党锻炼和造就了一批人才，为后来广西革命工作的进一步开展打下了良好基础。在第二届广西学生军组建初期，仅有10位共产党员，他们处处身先士卒，沿途宣传进步思想，很快就将党员人数发展至40余人，成为学生军中一股不可小觑的骨干力量。学生军解散后，这些共产党员遍布广西各个地区，为广西解放斗争和进步事业继续做出贡献。

◎ 蒙家儿

1932—2022

王公度事件中牺牲的广西师专师生

20世纪30年代，广西当局为镇压广西师专进步师生，一方面利用各种手段拉拢与控制师专师生，另一方面又采取打击、恐吓、监视师专师生等手段对付师专师生。但有着“小莫斯科”之称的广西师专从来不缺乏献身革命的热血青年，他们对党和革命事业有着坚定的信念，敢于为革命抛头颅、洒热血。其中，在“王公度事件”中牺牲的进步教师崔真吾、进步学生陶保桓，为党组织、广西的革命事业做出了很大的贡献，付出了宝贵的生命。

在广西师专的奋斗历程

崔真吾是浙江鄞县人，于1934年秋至1935年秋到广西师专乡村师范部工作，担任国文教员一职。陶保桓是广西融水罗龙村高沙屯人，于1933年秋至1936年秋在广西师专学习。崔真吾、陶保桓年少时都有着刚正不阿的品质与积极进取的心态，思想进步，是身边老师同学们眼中的好学生，同时他们也有着强烈的爱国情怀与参与革命斗争的愿望。后来，他们更是用行动证明为坚守正义、坚守党的秘密而坚决战斗到生命最后一刻的誓言。

崔真吾是一名德才兼备、任教经验丰富的优秀教师。前往桂林任职前，他曾到过广州、南宁等地任教。后来广西师专成立，引进了许多思想进步、办事有效率的优秀教师，崔真吾就是其中的一员。他在广西师专任教时，强调思想理论与实践的结合，主张思想进步、敢于创新，积极号召学生投身阅读、创作文学。同时，他还时常组织学生到户外去探索自然、接触户外事物，开拓学生的视野。在他的培养与影响下，师专的许多学生都受到了思想上的启发，不断追求民主与进步。由于崔真吾的教学方式独特，因而他深受学生喜爱，学生都喜欢接近他，经常向他请教学习与讨论交流。在任教期间，他还因此遭受过其他教师的排挤与嫉妒，并受到其他旧势力的排挤。1935年秋，崔真吾因不满广西师专校长郭任吾的行事作风与态度，不愿与其为伍、为其效力，果断辞去广西师专的工作。

陶保桓是广西师专招收的第二届学生，他十分珍惜在广西师专学习的日子，在校期间认真学习，自觉接受进步教师、学生的思想熏陶与启蒙，有着坚定的革命信念。身边的同学对他十分信任，他也凭借

⊙ 崔真吾（校党委宣传部供图）

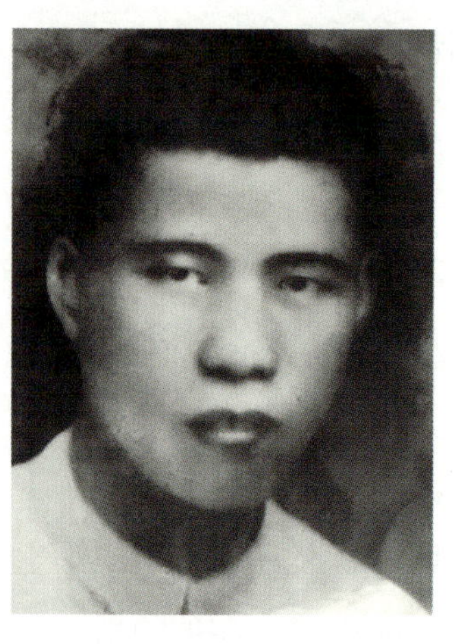

⊙ 陶保桓（校党委宣传部供图）

着优秀的表现逐渐成长为学校的进步学生骨干，是当时公认的优秀学生代表。他在校内积极参与革命斗争，带领其他进步学生开展理论论战，如1935年师专校内师生围绕“中国社会性质问题”展开论战，陶保桓勇敢地站在进步学生队伍中进行论战，凭借出色的表现赢得师生的一致好评。1935年，陶保桓因表现良好，被推选为《月牙》编委。当陶保桓听闻北平学生发动的一二九运动消息后，他不顾生命危险挺身而出，在广西师专内率先发起积极响应爱国运动号召。此外，为了能够将消息更快速地传达到其他学校，团结更多的青年抗日运动力量，他及时联系桂林高中学生会、桂林女中学生会，组织大家游行抗议，宣传爱国运动。1936年，在进步教师杨潮的指导下，陶保桓更加意识到革命斗争的重要性，他在广西师专秘密组织“反帝反法西斯大同盟”，吸引了许多志同道合的师生加入革命，对地下党组织在广西师专的工作和后续党组织的恢复、建立与运转起到了强有力的推动作用。

被卷入王公度事件

王公度事件发生于1937年，起因是广西当局内部矛盾激化。七七事变后，国内形势发生了较大的变化，面对危急的抗战形势，蒋介石不得不同意与中国共产党合作，共同进行抗日。蒋介石根据形势对桂系的李宗仁、白崇禧、李品仙等发出一系列命令指示，命令桂系出师抗战。起初部队内部平静祥和，当广西部队挥师参加全面抗战并到达全州时，桂系将领发生严重的内讧。夏威、廖磊等人强烈要求李宗仁、白崇禧立即枪杀王公度等人，如果不按要求执行，那么夏威等人就不会出师合作。

李宗仁、白崇禧为了保住自己的地位，也害怕王公度势力过大，日后无法摆脱，因而接受了枪杀王公度等人的要求。王公度事件是桂系内部矛盾不断激化导致的，主要是因为王公度平日说话做事过直。在这之前，桂系内部的王公度与潘宜之各自形成阵营，两个阵营在思想理论方面产生过严重的分歧，王公度得罪了潘宜之等人，严重影响和损害了他们的利益。随后，李宗仁等人考虑到形势大局的变化，在听取了大家的意见后于1937年8月30日下令拘捕王公度等人，同时利用逮捕王公度的借口，下令要求全力捕杀共产党员，以此打击中国共产党的实力。崔真吾、陶保桓、徐敬伍等一批先进共产党员与进步人士不幸被卷入王公度事件中。

1937年8月31日，陶保桓没来得及躲避国民党反动派的搜查，在柳州中学被捕，并被押送至桂林宪兵团囚禁，且在逮捕期间遭受桂系军阀的残害，他身上全是被打伤和砍伤的痕迹。无论桂系军阀用何种残忍手段逼供，运用何种计谋引诱，要求其说出中国共产党的机密，他都始终没有透露任何消息，而是坚定地保守党的秘密。1937年8月，因为崔真吾外出，没有及时得到通知找到隐蔽藏身的地方，所以也被国民党桂系反动派逮捕，他被关押在桂系五路军南宁行辕看守所。崔真吾在被捕关押期间，也经历了非人的折磨与迫害，但他始终没有透露党组织和地下党员的任何消息，将党的秘密坚守到生命的最后一刻，为当时党组织的其他成员撤离争取时间。崔真吾、陶保桓先后于1937年9月15日深夜、1937年9月17日英勇牺牲。他们用生命践行了对党的信仰与承诺。

留下不朽的记忆

广西师专进步师生在当时复杂的斗争环境下，克服重重困难、经受了敌人的威逼利诱与折磨，始终保守党的秘密。他们明白如果将党组织的秘密向敌人说出，党的事业就会受到挫折，将会有更多的同志流血牺牲。他们将党的事业置于至高无上的地位，看得比自己的生命更重要，他们用自己的行动与生命诠释了为党的事业奋斗到最后一刻的意义，他们是真正的英雄。

虽然崔真吾、陶保桓的生命停留在1937年，但他们的英勇事迹在当时社会、学校引起了很大的轰动，其他革命党人对崔真吾、陶保桓

⊙ 柳州市融水苗族自治县保桓中学校园内的陶保桓雕像（来源：广西柳州市融水苗族自治县人民政府门户网站）

高度赞许。崔真吾、陶保桓给后人留下了不可磨灭的记忆，他们的英雄事迹在广西各地一直流传着，在人民心中留下深深的烙印，以另一种方式永久地活在了每个人的心中。陶保桓牺牲后，他的故乡融水苗族自治县建立了以他的名字命名的学校及纪念碑来纪念和致敬他。崔真吾、陶保桓的牺牲也感动了一大批忠实的革命党人，如粟稔、陈岸及师专其他的学生，还有社会各界的人士、民众。他们怀着尊重、深切的情感缅怀崔真吾、陶保桓烈士，更加坚定对党的信念，怀着更热烈的革命情怀投身革命事业，立志将革命的希望与事业传承下去。

◎周蜜

1932—2022

大别山惨案中牺牲的广西师专学子

1939年1月，国民党开始实行“溶共、防共、限共、反共”的政策，桂系顽固派在安徽开始从政治、军事、文化等方面长期采取各种措施排挤国民党左派，清洗、迫害进步的爱国民主人士，诬陷、暗杀共产党人，破坏抗日民族统一战线，使抗战动员工作无法开展。

1940年春，桂系顽固派李品仙加速反共反人民的步伐，在安徽立煌县（今安徽金寨县）遍设特务组织，大肆进行所谓的清查“异党”活动，逮捕和屠杀共产党人，制造了多起反共流血惨案。1943年秋，隐蔽在国民党军政机关内部、在大别山坚持地下斗争的共产党员刘敦安、麦世法、史谦、陈达伍、余会之、胡承祧以及进步人士樊政、尹荣、黎柽梁等10多位爱国志士被桂系第21集团军总部逮捕。12月15日，上述同志被活埋于立煌县古碑冲张家湾，这就是桂系顽固派制造的骇人听闻的大别山惨案。

在校期间积极向党组织靠拢

在大别山惨案中牺牲的刘敦安、陈达伍、麦世法、胡承祧、余会之、谢锡贤正是广西师专的毕业学生，他们在校期间就积极向党组织靠拢，始终坚定自己的理想信念。

刘敦安，广西博白县城厢镇人，1932年考入广西师专。通过在广西师专的学习，刘敦安系统修读了社会进化史、政治经济学、中国农村经济、世界大势、哲学等课程，开始接触马克思主义，快速接受革命理论，在开展对各种改良主义思想的批判和反对托洛茨基派论战中分析深刻、论述精辟，得到老师的赞许和同学的信服，成为同学追求进步、倾向革命的骨干。刘敦安在学习调研的过程中，对中国共产党的纲领、政策有了深刻了解，入党愿望强烈。1935年，他冒着风险到广东寻找党组织；1936年1月，经多方联系终于在香港找到了党员陈勉恕，由陈勉恕介绍其入党，并开始在师专学生中发展党员。

⊙ 位于博白县人民公园的刘敦安烈士雕像（来源：林玉龙《刘敦安——浩气起八桂，血染大别山》，刊于2019年6月5日《玉林日报》）

陈达伍，广西玉林博白县人，1934年考入广西师专乡村师范班学习。陈达伍在广西师专不仅如饥似渴地学习文化知识，阅读马克思主义进步图书，还积极学习和实践新文艺。在广西师专读书期间，陈达伍参加了组建“反帝反法西斯大同盟”的工作，是进步学生骨干之一，参与创办《月牙》期刊，撰文呼号救亡图存。1936年，陈达伍在师专毕业后到广西民团干部学校受训，在中共广西军团书记刘敦安培养帮助下，加入中国共产党。

麦世法，广西北流市西埌镇木棉村人，1932年考入广西师专，是师专第一届的学生。在自由研究的教学方式下，在进步教师的启迪下，他大量研读马克思主义图书，在思想方面发生了很大变化，深信只有马克思主义才能救中国。在民主革命思想的熏陶下，他于1936年加入中国共产党。

余会之，广西玉林市玉州区茂林镇大湾村人，1934年考入广西师专乡村师范班。在广西师专的学习使余会之对中国革命问题的实质进行了深入的思考，确定了自己的政治方向，明白了革命斗争的残酷性、复杂性，积累了革命斗争的经验。余会之追求革命的信念和活动组织的能力得到了进步学生的认可，不久就被吸收为“反帝反法西斯大同盟”的盟员。1937年从广西师专毕业后，余会之加入中国共产党。

胡承祧，广西玉林市福绵区樟木镇旺老村南岸人，1934年从玉林初中毕业，获得免试入学资格，进入广西师专乡村师范三班就读。1935年底，加入“反帝反法西斯大同盟”。胡承祧在广西师专接触了马克思主义思想，并在进步师友的教育和引导下走上了革命道路，1936年10月加入中国共产党，并任广西师专党支部乡村师范三班党小组组长。

谢锡贤，广西贵港市港南区木格镇行塘村人。1934年考入广西师专乡村师范三班。1936年夏广西师专并入广西大学后，在文法学院附设乡村师范班就读。1935年，谢锡贤加入了“反帝反法西斯大同盟”。在学校期间，谢锡贤认真阅读马列主义著作等新兴社会科学图书，积极参加反对托洛茨基派斗争和抗日救亡运动，在斗争中不断提高政治觉悟，成为爱国学生运动的骨干。

潜伏在国民党军中

广西师专学子勇于承担抗日救亡的历史使命，始终不畏牺牲，秘密潜伏在国民党军中，积极投身革命斗争。

刘敦安于1938年5月受党组织委派随桂系第二十一集团军到达安徽抗日前线，后因其出色的工作和正派廉洁的作风受到新四军参谋长张云逸的高度赞扬。他为抗日民族统一战线的巩固和革命运动的不断推进贡献了力量。1941年皖南事变后，国民党桂系军阀在安徽加紧了反共活动，党组织估计到刘敦安等人处境危险，要他们及时转移，但刘敦安把个人的安危置之度外，毫无畏惧地坚持开展工作和斗争，顽强地与桂系军阀特务周旋，凸显了广西师专学子勇于革命、顽强不屈的斗争精神。

麦世法于1937年7月受党组织委派跟随桂系第二十一集团军北上抗日前线。在此期间，麦世法充分利用各种机会向民众宣讲抗日的重

⊙ 麦世法（校党委宣传部供图）

⊙ 陈达伍（校党委宣传部供图）

要性，争取一切进步力量加入抗日战线；承担秘密搜集桂系军事情报的任务，并帮助游击队第五大队筹粮筹款，还秘密将国民党的军事情报送给游击队第五大队。1939年春，麦世法被调到立煌，到立煌后，麦世法与刘敦安继续搜集敌方机密情报。麦世法积极投身抗日战斗，在革命中不惧危险地搜集情报，凸显了广西师专学子英勇无畏的精神。

陈达伍于1938年秋随博白补充团北上安徽抗日前线，在桂系第二十一集团军第四十八军一七四师任中校指导员，秘密开展党的工作。1941年春，皖南事变爆发，蒋介石掀起第二次反共高潮，陈达伍冒着暴露的风险继续以桂系军官的公开身份从事党在国民党军队中的工作，为了完成安徽地下党和新四军安排的任务，陈达伍将生死置之度外，毫不犹豫地潜伏了下来，凸显了广西师专学子不畏牺牲、视死如归的革命精神。

余会之于1937年7月被派到桂系第二十一集团军，随军北上湖北襄阳、樊城、老河口一带，从事军训和抗日民运的工作。1942年冬，余会之与乡村师范三班的同学转到大别山抗日中心根据地立煌县古碑冲第五战区干部训练团工作。在此期间，余会之曾负责共产党地下工作人员陈达伍等与在新四军第五师李先念部工作的徐家生之间的交通联系。余会之在革命中对工作高度负责，坚定共产主义信念，勇于革命，凸显了广西师专学子竭忠尽智、坚定不移的革命精神。

胡承祧于1938年秋在中共广西地下党组织的指示下，随桂系部队北上安徽抗日前线，到大别山区安徽霍山县、湖北英山县一带从事抗日宣传及军队整训工作。其间，他与在大别山区的师专校友一起从事地下党工作，为新四军搜集并提供了大量重要的情报，维护了抗日民族统一战线。1943年冬，受江苏省地下党组织指派，胡承祧不顾危险潜入国民党军队做地下情报工作，为灵活机动地打击敌人、消灭敌人，取得革命战争的胜利做出了贡献。此外，胡承祧还在国民党军中进行秘密的地下革命活动，争取一切能争取的革命力量，凸显了广西师专学子不顾危险、勇于革命的斗争精神。

谢锡贤于1937年夏被分配到国民党桂系陆军第七军政治部任政治指导员。1938年11月随部队从广西桂平经广州、武汉北进大别山。1939年，第七军在罗田县藤家堡驻地开办鄂东干部训练班，谢锡贤任训练班指导员，后调安徽省保安司令部政治部工作。1942年转到安徽省财政厅所属苏家埠税务处工作，在此期间，他与麦世法等地下党员一起从事抗日和地下革命活动。谢锡贤具有高度的政治觉悟，是爱国运动的骨干力量，凸显了广西师专学子强烈的爱国主义精神。

为革命献身

在抗日战争期间，广西师专学子始终以国家和人民利益为重，敢于斗争，在执行革命任务的过程中将自身生死置之度外，展现了英勇牺牲的大无畏精神。

1942年冬，广西师专学子陈达伍被调到大别山抗日中心根据地立煌县古碑冲第五战区干部训练团政治部任指导员。部分师专学子如麦世法和刘敦安等在桂系第二十一集团军编织师专校友地下党情报网，帮助了大别山的党员干部和革命青年及新四军驻立煌机构安全撤退。

1943年秋，第五战区司令长官李宗仁在立煌召开重要军事会议，刘敦安、麦世法也参加了会议，并担任记录。由于情况紧急，麦世法就派一个交通员，将会议记录递送给新四军军部，然而这名交通员被特务抓住，不仅会议记录被搜，还暴露了多名潜伏在集团军内的同志，于是没过多久，刘敦安、麦世法等10多名共产党员和爱国志士被逮捕，关押在立煌县古碑冲傅家湾。其间，这些同志在狱中试图抢夺看守枪支、进行越狱，但不幸失败。12月15日，刘敦安、麦世法等10多名共产党员和爱国志士被活埋于立煌县古碑冲张家湾山后。被活埋的10多人当中，刘敦安、陈达伍、麦世法、胡承祧、余会之和谢锡贤6人是广西师专的毕业学生。

在一个民族的精神谱系中，英雄是醒目的标识；在一个国家的道德天空上，英雄是璀璨的星辰。刘敦安、陈达伍、麦世法、胡承祧、余会之、谢锡贤他们诠释了什么是醒目的标识，什么是璀璨的星辰。他们不仅是广西师专的优秀毕业学生，更是优秀的共产党员。在当时动荡的革命时代，他们不惧牺牲、视死如归，积极学习马克思主义思想，毫不犹豫地选择做中国共产党党员，从此坚定自己的理想信念，为革命奉献自己的力量。他们推动了广西党组织的建设，同时，在面对危险时，他们临危不乱，严守党的秘密，在抗日战争中也奉献了自己的力量，积极开展抗日救亡宣传。他们为了革命付出了自己宝贵的生命，他们是真正的共产主义战士。

◎ 周蜜

惨遭国民党反动派杀害的广西师专教师

广西师专的进步教师在努力建设学校时，也不忘在学生中传播马克思主义、宣传抗日救国，努力培养出一批为党、为革命事业奋斗的优秀学生。他们离开学校后，又积极投身革命事业，勇于斗争、顽强拼搏，不惜牺牲自己宝贵的生命。其中，朱克靖和杨潮在离开广西师专后，继续投身革命，最终被国民党反动派残忍杀害，壮烈牺牲。

传播马克思主义

朱克靖和杨潮是广西师专的著名进步教师，在师专任教期间，注重提升学生对事物进行辩证分析的能力，以培养马克思主义青年为教学目标，在教育中广泛宣扬民主思想，为革命斗争积蓄了人才力量。

广西师专进步教师朱克靖不畏军阀强权，敢于斗争，争取教育教学民主；以培养革命进步青年为己任，在教学过程中广泛传播民主革命思想，不断激发学生的思想觉悟和斗争意识，为民主革命斗争培养了大批优秀人才。1932年，朱克靖受邀到广西师专任教，并担任生活指导主任。当时，广西当局对师专办学严加防范，加以限制，然而，朱克靖不向军事教官妥协。师专为了摆脱广西当局的控制，进行了两次斗争。经过两次成功的斗争，师专消除了教育路线和军事管理两大方面的阻力。朱克靖始终坚持以马克思主义培养进步青年。在完全控制学校办学的主动权后，朱克靖和杨东莼、薛暮桥商量决定按照党的六大的精神来办学，确定了培养马克思主义青年的办学目标。朱克靖在杨东莼和其他进步教师的支持下，购买了大批马列著作和进步书籍，加大了马克思主义理论的宣传和教育，支持薛暮桥带领学生到农村开展经济调查，在学生中大力播撒革命的种子。朱克靖和杨东莼“把师专办得像马克思主义学院”，有些学生也自称师专为“小莫斯科”。此外，朱克靖在广西师专大力倡导“自由研究，集体生活”的学风和校风。他到师专后，大幅度地增加了新兴的社会科学课程。这些课程包括社会进化史、哲学概论、政治经济学、农村经济、世界大势等。同时，为了引导学生好好读书，朱克靖与进步教师为学生开列了自学书目，指导学生有计划、有步骤地自学，并要求学生做读书笔记。在系统阅读进步书籍的基础上，朱克靖在教务安排上积极倡导师生开展主题讨论活动，以营造良好的学风和学术氛围。

1935年，杨潮来到广西师专，担任科学概论和英语等课程的教学。杨潮特别注重教学的创新性和科学性，在上科学概论课时，他摒弃了原本落后的课本内容，而是以恩格斯的《自然辩证法》为基础，并结合自然界和社会的发展、变化规律进行教学，材料丰富并极具说服力，这在很大程度上开阔了学生视野，也提高了学生对事物进行辩证分析的能力。

杨潮的英语教材也是与众不同的。他不仅从英、美进步书刊上选用适合学生学习的文章做教材，还从英文版的马列主义文献中选择无产阶级专政这部分论述来当讲义。杨潮在编写教材和学术研究方面的创新与细心，受到很多学生的喜爱，也增强了学生的学习兴趣。在师

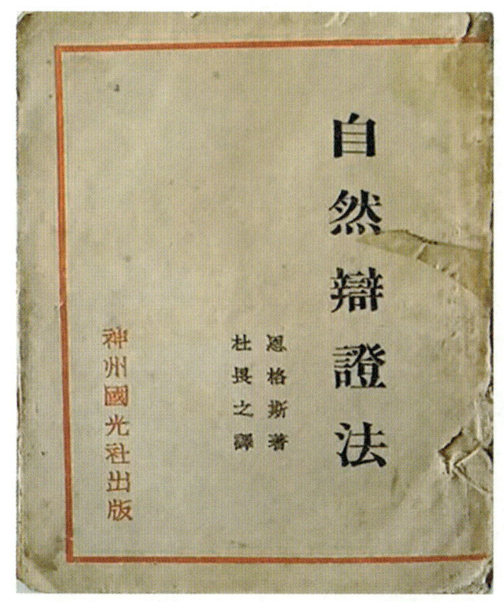

⊙ 恩格斯著、杜畏之译的《自然辩证法》，1932年由神州国光社出版（校党委宣传部供图）

专任教期间，他积极开展进步活动。其中，倡导学生秘密组建“反帝反法西斯大同盟”，并给进步学生秘密传阅、学习相关的反法西斯的书与宣言，使学生能及时将眼前的具体斗争同国际工人阶级反法西斯斗争联系起来。此外，在广西师专任教期间，他担负《月牙》校刊的审稿、改稿工作。杨潮还亲自撰写文章，尤其是抗战方面的评论。他以高度的马列主义理论修养、犀利的文笔，做出精辟的论述，抨击蒋介石政府的内战卖国政策，主张停止一切内战，成立各抗日力量联合的国防政府，宣传共产党的抗日民族统一战线政策。

英勇无畏投身革命

广西师专进步教师们在离开学校后，依然心系国家安危和人民利益，积极投身革命运动，贡献应有力量。

朱克靖于1937年底参加新四军，继续投入革命斗争。1937年冬，朱克靖恢复了党的组织关系。1938年1月，他被任命为新四军政治部

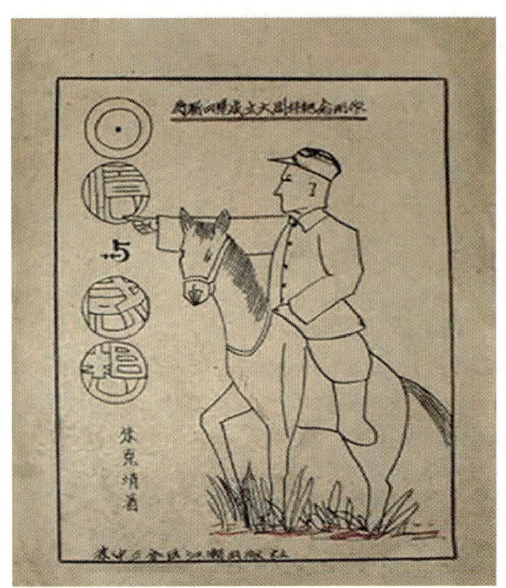

⊙ 朱克靖著的《回忆与感想——为新四军成立六周年纪念而作》，苏中三分区江潮出版社出版（图片来源于孔夫子旧书网）

顾问兼直属战地服务团团长，负责宣传、民运工作。1940年春，他任新四军联络部部长，负责统战工作。同年7月，受陈毅之托，他争取苏北地方实力派李明扬、李长江与新四军合作，使二李保持中立，为新四军攻占黄桥、打乱国民党顽固派的进攻部署、建立苏皖抗日根据地做出了重要贡献。1941年至1944年，朱克靖先后担任苏北参议会副议长，苏中三分区行政专员公署专员。1944年12月底，随粟裕率领的新四军由苏中渡江南下，任苏浙行政公署主任。1945年冬，随新四军北上山东。1946年1月，他任新四军秘书长兼山东军区联络部部长，策动国民党淮海绥靖公署长官郝鹏举率部起义。郝鹏举部被改编为华中民主联军后，朱克靖被任命为该部政治委员，领导这支部队的改编和民主改造。朱克靖不仅为抗日斗争积极贡献自己的力量，也为我党的统战事业做出了重要贡献。

杨潮于1936年暑期离桂返沪。这时候“左联”已经完成了自己的历史任务，宣告解散。杨潮就利用自己擅长外语的优势，奉命来到塔斯社上海分社工作，开始了他的记者生涯，也逐步形成了自己对国际时事动态独特的观点，成长为杰出的国际时事评论家和军事评论家。

1937年上海沦陷，杨潮留守上海“孤岛”坚持斗争。他利用塔斯社消息灵通、资料丰富的优势，替几家抗战报刊撰写国际时事论文和军事评论，并广泛联系外国记者，向世界宣传中国的抗战。杨潮于1939年底离开上海赴香港，在《星岛日报》担任军事记者。1941年1月，皖南事变爆发，杨潮冒着风险在《星岛日报》刊登了周恩来在《新华日报》上为该事变而写的题词和四言诗，以表达对国民党的抗议。国民党当局十分震怒，以停办威胁《星岛日报》，于是《星岛日报》被迫将杨潮辞退。之后，杨潮参与创办了《光明报》，不久，太平洋战争爆发，日军开始炮轰香港，创办刚刚两个多月的《光明报》被迫停刊。当时，杨潮认为急需增强国民对日本侵略本性和太平洋战争的了解，决定静下心来撰写有关太平洋战争的文章，以警示国民，树立信心。

1943年，杨潮再次回到桂林，并完成了《论太平洋大战》和《太平洋暴风雨》两本论述太平洋战争的专著。之后，他又创办了《国际时事研究》周刊，使该刊成为当时东南国统区的著名进步刊物之一，

⊙ 杨潮（笔名羊枣）著的《欧洲纵横谈》，1946年由世界知识社出版（校党委宣传部供图）

并受聘担任《民主报》的主笔和美国新闻处东南分处翻译部主任。杨潮积极宣传抗日，举办抗日教育活动，为抗日救国贡献了自己的力量。

视死如归壮烈牺牲

朱克靖和杨潮在执行革命任务中被国民党反动派残忍杀害，为了革命献出了自己的生命，这不仅体现了广西师专进步教师对理想信念的坚守，也彰显了共产党员不怕牺牲、勇于斗争的革命精神。

1946年6月，蒋介石向解放区大举进攻，全国内战爆发。朱克靖本已策动国民党淮海绥靖公署长官郝鹏举率部起义，但1947年1月郝鹏举秘密叛变，逮捕了朱克靖，并把他押送给陈诚，想以此向蒋介石邀功。国民党反动派企图利诱朱克靖叛变，要朱克靖登报脱离共产党，加入国民党。国民党当局千方百计地对朱克靖进行劝降，朱克靖说："叫我死，叫我回家种地则可，让我骂共产党，为国民党宣传，是痴心妄想！"

国民党反动派先是假意友善劝降，蒋介石亲自三请朱克靖吃饭。每次赴宴，特务们都要朱克靖脱去囚服，换上便装，由保密局副局长毛人凤亲自陪同，乘专车前往。第一次，蒋介石以中将以上官衔和江西省省长的职务诱降朱克靖，朱克靖说："蒋先生的好意我心领了，不过我耻于做郝鹏举那种人。"第二次，朱克靖反做起蒋介石的工作，说："蒋先生，抗日战争胜利后本应和平建国，恢复国力，改善民生。现在内战连连，受害的是国家，遭难的是百姓。国家满目疮痍，老百姓在水深火热之中，政治领袖何以安心？克靖呼吁蒋先生停止内战，实行民主，建设国家。"蒋介石愤怒不已，大家不欢而散。第三次，酒过三巡，菜过五味，朱克靖还是同样的话："我有两个生命，一个是肉体生命，一个是政治生命。我虽跨党从事革命，但我是为共产党打天下。现在我已成阶下囚，我宁愿牺牲我的肉体生命，我为共产主义理想奋斗了大半生，我不能牺牲我的政治生命。"蒋介石叹道："好吧，你我这是最后一次谈话了。”

国民党反动派屡次劝降不成，便换了手法，对朱克靖轮番审讯。不管敌人采取怎样的措施，朱克靖始终坚守自己的信仰，永不叛党，视死如归。1947年秋，经蒋介石批准，国民党反动派将朱克靖押上救护车，并用绳索绞杀，然后将其遗体埋在南京郊外雨花台荒野。

广西师专进步教师杨潮于1944年6月被逮捕并押送到江西铅山第三战区长官司令部。在铅山，杨潮在极其艰难的条件下还翻译完成了美国作家克拉伦斯·戴的长篇小说《我的爸爸》。日本投降后，顾祝同的司令部迁至杭州，10月中旬，杨潮和一批政治犯被押到杭州监狱。一天，杨潮被“请”到司令部的一个小会客室。桌子上摆着糖果。杨潮走进会客室，特务头目俞嘉庸站起身来，笑着说：“哈哈，这糖果是胜利品，请先生尝尝吧！先生的大作小弟早就已经拜读了，本人早就想和先生这样的人交朋友，可是总没有好机会。今天我们面谈一下，只要先生加入国民党，愿意与司令长官顾祝同将军真诚合作，为自由中国办好报纸，司令长官就可以立刻电呈委座，授予先生少将军

⊙ 杨潮译作《我的爸爸》，1946年生活书店出版（校党委宣传部供图）

衔……”杨潮讽刺地说道：“一个未获自由的阶下囚，司令长官要授予少将军衔，这岂不是自欺欺人的大笑话吗?”杨潮拒绝加入国民党，拒绝为国民党办报。因此特务们恼羞成怒，从此更加加紧了对杨潮的残酷迫害和精神折磨。杨潮于1946年牺牲，他的生命永远停留在了46岁。

广西师专进步教师朱克靖和杨潮的一生都在为革命奋斗，他们选择做最坚定的共产党员，他们的信仰、理想信念是那么的纯粹与伟大。朱克靖和杨潮在广西师专任教期间，不仅推动了广西师专党组织的建设，还促进了马克思主义在师专的传播，培养了一大批爱国进步学子。朱克靖和杨潮勇于投身革命，在面对敌人的屠刀时，也没有选择背叛党、背叛革命，他们宁死不屈的精神激励着我们无论何时何地都要做坚定不移的共产主义者，为了理想信念、为了共产主义事业努力奋斗。

◎周蜜

解放战争时期南宁师院学子投身广西的武装斗争

1947年5月，桂林师院被更名为南宁师院。南宁师院许多学生和教师都积极地参与革命，不仅促进了师院党支部的发展壮大，还与广西各地的武装斗争建立了联系，直接支援着地方的地下党组织和游击队。

积极配合广西游击队作战

1948年9月，南宁特支负责人苏仁山安排党员苏阳（黄祥珠）考入师院，并与同学曾平（曾复武）和覃光恒建立一个工作小组，成立新民主主义青年团，发展团员。为了便于院内外的联系，南宁特支在师院的这条线还设有两个联络点：一是覃光恒和十万大山游击区联络点；二是位于中山路的杭顺肖家作为与南宁有关同志联系的联络点。他们利用两个联络点为游击队提供各种支持。把联络点设立在师院内部，师院作为联络的中转站，使得游击队同党组织的联系变得更为安全与

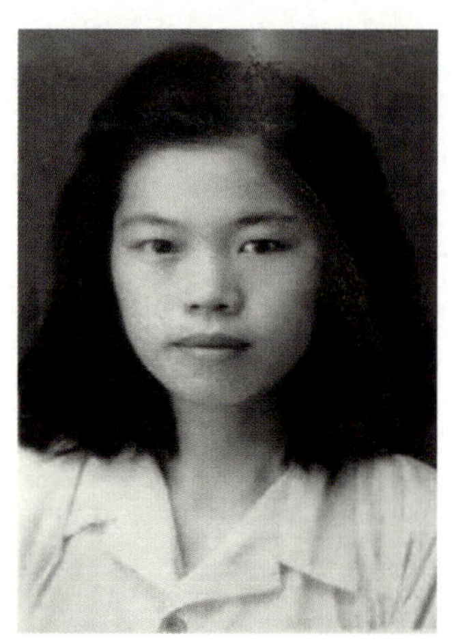

⊙ 苏阳（黄祥珠）（校档案馆供图）

方便，这些联络点为游击队提供了很大的帮助。此外，还使党员同志之间的联系也变得更加安全了，方便了南宁有关同志和游击队进行革命斗争。

在南宁特支的领导下，师院的进步师生们义无反顾地离开学校，投身革命。在南宁特支的带领下，南宁师院的学生与周围地区的游击队配合，并提供方便，给予支援。1948年冬，游击队缺少冬衣，进步师生捐了一些冬衣送给游击队。游击队缺乏食物和药品，进步师生就号召各位同学、教师及市民捐赠多余的粮食，并向各个小诊所收集药品送给游击队。此外，师院的师生还帮助过往南宁的游击队员，让他们住在自己的宿舍里面，如左江支队十二团的梁玉金（梁伦），武鸣游击队的黄芳烈、陈彩基等过南宁时，曾分别住在曾平、张一平的宿舍。在南宁师院师生的影响下，更多当地的百姓也加入支援游击队的行列，他们开始为过往的游击队员打掩护，提供住宿。这在很大程度上帮助了游击队人员顺利过往南宁。

赴右江地区投入革命

为了进一步推动革命形势的发展和迎接中国的彻底解放，中共右江地委于1949年8月在都安古河乡召开地委扩大会议，提出“关于加强党的宣传工作”的三项措施，其中一项就是创办报纸《右江报》，地委领导动员原在南宁师院做地下工作的苏阳、曾平、张明、金光、赵东、张一平、刘异等18人到都安古河乡桂西区指挥部和政治部工作。

1949年9月，右江地委副书记余明炎经过南宁时，要求南宁特支派遣一批知识分子到右江地区。于是苏仁山派苏阳、曾平来到右江地区开展革命工作。为了增强当地的干训、宣传和文化工作，他们先后带去了一批师院的进步师生，如助教张一平、汉飞（杨学荣）、刘升（何文炯），学生周华（黄金和）、黄林（林华）、林洪（陶祖文）、方问天（凌旭琪）、黄显烈、蒋云（蒋富云）、金光、赵乐（谢伟林）等。广西解放前夕，他们在山区进行了艰苦的斗争。解放后，他们大多留在当地，在剿匪反霸、减租退押、土改和宣传、教育、文化事业方面做出了重要贡献。

⊙ 余明炎（来源：广西壮族自治区地方志编纂委员会编的《广西通志1979—2005人物·大事记·附录卷》，2016年方志出版社出版）

促进革命运动发展

南宁师院学子发起的武装斗争极大地推动了桂林、南宁党组织的建设和广西革命运动的发展。南宁师院学子参与的武装斗争为游击队人员提供了物资，成功掩护了他们过往南宁，从而顺利地进行革命运动。另外，还推动了广西解放的进程，培养锻炼了一大批革命者，比如师院的学生周华、汉飞等人，并促进了马克思主义在广西的传播和发展，促进了广西革命运动的发展，还对广西地区的教育、文化事业等方面做出了重要的贡献。总之，南宁师院学子参与的武装斗争对整个广西的革命运动产生了积极影响，他们勇于革命的精神是值得我们学习的。

参考文献

[1] 马克思恩格斯选集（第 1 卷）[M]. 北京：人民出版社，2012.

[2] 广西师范大学校史修订组 . 广西师范大学史 (1932—2002)[M]. 桂林：广西师范大学出版社，2012.

[3] 王枬，黄伟林 . 民国师范：民国时期广西师范大学教授故事集 [M]. 桂林：广西师范大学出版社，2012.

[4] 王枬，罗元 . 英烈书生：广西师范大学英烈故事集 [M]. 桂林：广西师范大学出版社，2012.

[5] 王枬，黄伟林 . 校长纪事：广西师范大学历任校长故事集 [M]. 桂林：广西师范大学出版社，2012.

[6] 王枬，李殷青 . 图映岁月：广西师范大学建设发展历史图片集 [M]. 桂林：广西师范大学出版社，2012.

[7] 王枬，唐仁郭 . 广西师范大学简史 [M]. 桂林：广西师范大学出版社，2014.

[8] 王枬，黄伟林 . 师大故人 [M]. 桂林：广西师范大学出版社，2017.

[9] 旷永青 . 广西师范大学纪事（1932—2017）[M]. 桂林：广西师范大学出版社，2017.

[10] 王枬，黄伟林 . 师大故事 [M]. 桂林：广西师范大学出版社地，2019.

[11] 中国人民政治协商会议全国委员会文史资料委员会 . 文史资料存稿选编

（第二十四辑）[G]. 北京：中国文史出版社，2002.

[12] 桂林市政协文史资料委员会 . 桂林文史资料（第十五辑）[G]. 桂林：漓江出版社，1990.

[13] 桂林市政协文史资料委员会 . 桂林文史资料（第十七辑）[G]. 桂林：漓江出版社，1991.

[14] 薛暮桥 . 薛暮桥回忆录 [M]. 天津：天津人民出版社，1996.

[15] 王福琨 . 中国共产党在桂林抗战文化形成和发展中的作用 [M]. 南宁：广西人民出版社，2007.

[16] 广西文史研究馆 . 八桂香屑录 [M]. 北京：中华书局，2005.

[17] 陈大文 .《陈此生》一文的补充材料 [G]// 中国人民政治协商会议贵县委员会文史资料研究委员会 [G]// 贵县文史资料（第六辑）. 贵县：内部出版，1986.

[18] 廖富荪 . 施复亮的一生 [G]// 中国人民政治协商会议重庆市委员会文史资料委员会 . 重庆文史资料（第四十二辑）. 重庆：西南师范大学出版社，1994.

[19] 马宝琳 . 回忆父亲马哲民先生 [G]// 中国人民政治协商会议湖北省委员会文史资料研究委员会 . 湖北文史资料（第三辑）. 武汉：湖北人民出版社，1992.

[20] 胡曲园 . 悼熊得山先生 [G]// 政协江陵县委员会文史资料委员会 . 江陵文史资料（第一辑）. 江陵：内部出版，2004.

[21] 邓明以 . 陈望道传 [M]. 上海：复旦大学出版社，2005.

[22] 周维强 . 太白之风：陈望道传 [M]. 杭州：浙江人民出版社，2006.

[23] 桂林市政协文史资料委员会 . 桂林文史资料（第三十六辑）：国立桂林师范学院实录 [G]. 桂林：漓江出版社，1997.

[24] 寄小文，徐雅娟 . 马哲民与桂林师专 [G]// 桂学研究（第四辑）. 桂林：广西师范大学出版社，2018.

[25] 何砺锋 . 怀念杨潮老师 [M]// 潘耀良 . 广西师范大学校友诗文选 . 桂林：广西师范大学出版社，1992.

[26] 中国人民政治协商会议南宁市委员会文史学习委员会 . 南宁文史资料（总

第二十辑）[G]. 南宁：内部出版，1997.

[27] 中国人民政治协商会议广西壮族自治区委员会文史资料研究委员会 . 广西文史资料选辑（第二十七辑）[G]. 南宁：内部出版，1989.

[28] 桂林市政协文史资料委员会 . 桂林文史资料（第十三辑）[G]. 桂林：漓江出版社，1988.

[29] 桂林市政协文史资料委员会 . 桂林文史资料（第三辑）[G]. 桂林：漓江出版社，1983.

[30] 中共南宁市委党史研究室 . 战斗在黎明——解放前夕南宁地下斗争回忆录 [G]. 南宁：广西科学技术出版社，1999.

[31] 李锦全 . 李锦全文集（第 8 卷）[M]. 广州：中山大学出版社，2018.

[32] 中共广西壮族自治区委员会宣传部，广西师范大学 . 大学之魂：中国大学校训故事 [M]. 桂林：广西师范大学出版社，2015.

[33] 周勇 . 中国共产党抗战大后方历史（下）[M]. 重庆：重庆出版社，2017.

[34] 中共桂林市委员会党史办公室 . 中共桂林市党史大事记（新民主主义革命时期）[M]. 南宁：广西教育出版社，1991.

[35] 张谷，谭得伶 . 文学史家谭丕模评传 [M]. 北京：北京师范大学出版社，2005.

[36] 梁健 . 南宁师院地下斗争杂忆 [G]// 中共广西壮族自治区委员会党史资料征集委员会 . 解放战争时期党领导的城市工作 . 南宁：广西人民出版社，1989.

[37] 谢婷婷 . 试述 20 世纪 40 年代国立桂林师范学院的中共地下党活动 [J]. 中共桂林市委党校学报，2018（2）.

[38] 韦球松 . 老盟员植恒钦 [G]// 桂林市政协文史资料委员会 . 肝胆相照 : 桂林市民主党派工商联和无党派人士史料 . 桂林：内部出版，2007.

[39] 谢之雄 . 民盟广西大学学生支部的组建与活动 [G]// 中国民主同盟广西壮族自治区委员会 . 风雨同舟六十年 : 民盟广西地方组织成立六十周年纪念文集（1942—2002）. 南宁：内部出版，2002.

[40] 中共玉林地委党史办公室 . 桂东南英烈传（第一辑）[M]. 玉林：内部出版，1985.

[41] 中共融水苗族自治县委员会党史县志办公室．融江抗日烽火 [M]. 融水：内部出版，2020.

[42] 中共柳州市委党史研究室．中国共产党柳州历史画册（1921—1949）[M]. 南宁：广西人民出版社，2017.

[43] 桂林市政协文史资料委员会．桂林文史资料（第二十辑）：三十年代广西师专 [G]. 桂林：漓江出版社，1992.

[44] 桂林市政协文史资料委员会．桂林文史资料（第二十三辑）[G]. 桂林：漓江出版社，1993.

[45] 柳州市委党史研究室．碧血丹心：纪念陶保桓烈士专集 [M]. 柳州：内部出版，2008.

[46] 中共广西壮族自治区委员会党史研究室．党在广西师范专科学校的活动 [M]. 南宁：内部出版，2006.

[47] 中共广西壮族自治区委员会党史研究室．中国共产党广西历史（第一卷）[M]. 北京：中共党史出版社，2004.

[48]《桂林历史文化大典》编委会，桂林市文化新闻出版广电局，桂林市文物保护与考古研究院．桂林历史文化大典（上下卷）[M]. 桂林：广西师范大学出版社，2018.

[49] 桂林市政协文史资料委员会．桂林文史资料（第三十七辑）：人物专辑 [G]. 桂林：漓江出版社，1998.

[50] 中国人民政治协商会议广西壮族自治区委员会文史资料研究委员会．广西文史资料选辑（第十七辑）[G]. 南宁：内部出版，1983.

[51] 韦元良．试论解放战争时期南宁学生运动的斗争策略 [G]// 中共南宁市委党史研究室．中共广西地方历史专题研究（南宁市卷）. 南宁：广西人民出版社，2001.

[52] 中共广西壮族自治区委员会党史研究室．广西抗战 [M]. 南宁：广西人民出版社，2015.

[53] 广西壮族自治区地方志编纂委员会．广西通志 [M]. 南宁：广西人民出版社，2006.

[54] 广西学生军（1937—1940）北上抗日史料征集办公室．烈火青春：广西学生军北上抗日史料专辑 [G]. 南宁：内部出版，1990.
[55] 姚蓝，邓群．谢和赓传 [M]. 北京：中共党史出版社，2018.
[56] 中国人民政治协商会议广西壮族自治区委员会文史资料研究委员会．新桂系纪实（中集）[M]. 南宁：内部出版，1990.
[57] 王彦．第二届广西学生军第二中队中共支部史料汇编（1938年5月—1940年3月）[G]. 南宁：内部出版，2006.
[58] 陈岸，陈贞娴．深切缅怀陶保桓烈士 [J]. 广西党史，1997（5）.
[59] 曾巍．李宗仁为何杀死心腹干将王公度 [J]. 民国春秋，1995（1）.
[60] 朱正．崔真吾之死 [J]. 鲁迅研究月刊，1995（8）.
[61] 李海．中共在广西学生军中的统战工作 [J]. 文史春秋，2007（6）.
[62] 谭玉萍．陈达伍烈士传略 [J]. 广西党史，1998（2）.
[63] 赵勤轩，康育星．壮士非无泪不为断头流——朱克靖烈士传奇 [J]. 铁军，2008（1—4）.
[64] 杨海龄．朱克靖与陈毅在新四军中的革命情谊 [J]. 档案与建设，2008（8）.
[65] 王淮冰．羊枣 [M]. 北京：人民日报出版社，2005.
[66] 刘寿保，魏华龄．桂林抗战文化研究文集（五）. 桂林：广西师范大学出版社，1997.
[67] 威廉．本院剧运的回顾与前瞻 [J]. 国立桂林师范学院院刊，1946（1）.
[68] 曹裕文．杨东莼在桂林 [J]. 广西文史，2008(1).
[69] 张友仁．薛暮桥的生平和学术 [J]. 西安财经学院学报，2014(3).
[70] 陈大文．薛暮桥与广西师专 [J]. 桂海春秋，1988(2).
[71] 黎春．杨潮与“广西抗日反法西斯同盟”[J]. 广西党史，1995（4）.
[72] 梁寂溪．怀念刘敦安同志 [J]. 南流，1981（3）.
[73] 魏华龄．薛暮桥在桂林 [J]. 中共桂林市委党校学报，2005(5).
[74] 丁星．薛暮桥的时间 [J]. 大江南北，2015(2).
[75] 党明．广西师专与师专剧团 [J]. 新文化史料，1995(6).
[76] 林志仪．陈望道先生在桂林：忆雁山往事 [J]. 新文学史料，1989（3）.

[77] 谢婷婷．马克思主义传播者熊得山 [J]. 档案记忆，2020（1）.

[78] 王文达．崔真吾传略 [J]. 广西师范大学学报（哲学社会科学版），1986（3）.

[79] 杨文光，姚敦泽．抗战时期广西学生军对马克思主义的传播研究 [J]. 广西地方志，2020（1）.

[80] 刘国平．试论广西学生军在抗战中的作用 [J]. 传承，2008（10）.

[81] 谢汉俊．广西学生军北上抗日 [J]. 文史春秋，2011（8）.

[82] 江贤荣．忆反黄华表斗争 [J]. 广西党史，1999（2）.

[83] 梁伯豪．桂北地区红军长征文化价值研究 [J]. 广西教育学院学报，2018(1).

[84] 陈燕勇．抗战时期中国共产党对桂林学生运动的领导研究 [D]. 桂林：广西师范大学，2012.

[85] 张德华．抗战时期马克思主义在桂林的传播研究 [D]. 桂林：广西师范大学，2020.

[86] 曾作忠．五年来的国立桂林师范学院 [N]. 广西日报（桂林版），1946-4-1.

[87] 史芸飞，吴海霞．崔真吾：文学斗士，用笔抗日救亡 [N]. 鄞州日报，2011-04-22.

后记

回顾我校九十载厚重校史，其中最为耀眼的是丰富的红色校史资源。我校在各个历史时期发生了一个个报国爱党、追求真理、呼唤民主、投身革命的光辉事件，涌现出一批又一批胸怀祖国、对党忠诚、敢于担当、勇于献身的师生楷模，他们的“事迹可学可做，精神可追可及”。红色校史资源为如今我校培育时代新人提供了丰润的道德养料和强大的精神动力。

为了充分释放红色校史资源中蕴藏的育人导向、示范和激励功能，在我校党委的高度重视和深入指导下，校党委宣传部组织马克思主义学院的博士、硕士研究生投入本书的编写，力图深入挖掘红色校史资源，研究整理和利用好校史中模范人物精神资源，实现文化育人功能。

本书以研究20世纪三四十年代中国共产党组织在我校的发展历程为主线，分别展示了马克思主义在我校的传播、我校党支部的建立和发展、我校师生开展民主运动、我校师生在校内外投身革命这四个方面的情况，是首次全面梳理我校红色校史的著作。

本书顺利编撰成书，得益于校党委常委、宣传部部长兼马克思主义学院院长汤志华的精心组织。2021年启动编撰，他选用了马克思主义学院9名博士一年级、硕士一年级学生，这批学生虽然入学不久，但他们对研究红色校史充满热情。本书的主要撰稿人有：马克思主义学院2021级马克思主义中国化研究专业博士研究生李延、陈红惠，马克思主义学院2021级马克思主义中国化研究专业硕士研究生朱瑞雪、梁钰、蒙家儿、周蜜、黄峤巧、张旭阳阳、刘于清，文学院2016级中国现当代文学专业硕士研究生徐小珍。在校党委宣传部汤志华部长、谢婷婷科长的指导下，学生们顺利完成了红色校史的研究和撰稿工作。

本书的框架设计、统稿改稿、插图选用等工作由校党委宣传部理论教育科科长谢婷婷老师完成。本书初稿完成后，经过校党委副书记赵铁教授、校党委宣传部部长汤志华教授的认真把关，还得到了我校原校长张葆全教授、历史文化与旅游学院唐凌教授、文学院/新闻与传播学院黄伟林教授等专家的悉心指导，在此一并表示感谢。

本书的出版，还得到了广西师范大学出版社的大力支持与协助，在此一并表示感谢！由于是首次对我校红色校史进行系统研究和梳理，如有遗漏、舛误之处，敬请谅解与指正。

邓军

2022年5月